Nouvelles du monde

ŒUVRES DE L'AUTEUR

Le Système de Leibniz et ses modèles mathématiques
Hermès I, La Communication
Hermès II, L'Interférence
Hermès III, La Traduction
Jouvences. Sur Jules Verne
Auguste Comte. Leçons de philosophie positive, t. I
Esthétiques sur Carpaccio
Feux et signaux de brume. Zola
Hermès IV, La Distribution
La Naissance de la physique dans le texte de Lucrèce
Hermès V, Passage du Nord-Ouest
Le Parasite
Genèse
Détachement
Rome. Le livre des fondations
Les Cinq Sens
L'Hermaphrodite
Statues
Éléments d'histoire des sciences (*en collaboration*)
Le Contrat naturel
Le Tiers-Instruit
Éclaircissements (*Entretiens avec Bruno Latour*)
La Légende des anges
Les Origines de la géométrie
Atlas
Éloge de la philosophie en langue française

Michel Serres
de l'Académie française

Nouvelles du monde

Éditions J'ai lu

à S.

© Flammarion, 1997

Fleuve

[R É C I T]

Tête au couvre-chef

Têtu, Denis Montignac, vieux patron marinier, a tant aimé son fleuve qu'il ne veut pas mourir avant de voir tous les autres. Jeune, il avait conçu de la jalousie envers la Loire, presque aussi belle, regrettait-il, que sa Garonne natale. Mais aujourd'hui, la splendeur des énormes rivières du monde le comble. Depuis sa retraite, il court les latitudes, visite le Zambèze et ses chutes, le Nil et ses cataractes, remonte l'Amazone et le Saint-Laurent, navigue sur la Volga et sur le Houang-Ho, traverse le Yukon sur la glace et fait ses délices des bouches arctiques du Mackenzie... Ainsi vient-il de tomber amoureux de l'Amour, au bout de la Sibérie.

– Je reconnais une à une, dit-il, mes artères et mes veines. Découvrirai-je, avant que le mien s'arrête, le cœur de la Terre ?

Pendant son dernier séjour à Rome, par un après-midi verglacé d'hiver, il descendait du Capitole et se promenait le long de l'île Tibérine, quand, soudain, au fil de l'eau, il vit fondre sur lui, d'aussi loin qu'il pouvait la voir, au-delà du pont Cestio, une tête, une réelle tête humaine, filant, droite, presque raide, au centre du flot grossi par la saison et tourbillonnaire à cet endroit, sans doute en raison de la courbe du Tibre.

Bouleversé, il accourut en hâte au ras du quai envahi par la crue, pieds, souliers, genoux dans l'eau boueuse et froide, prêt à toute intervention, cherchant des yeux une corde, une branche d'arbre, une planche à lancer au malheureux ainsi emporté, sur le point de mourir gelé ou par noyade : par quel accident se trouvait-il là, plongé dans le flot glacé ?

Sa façon de nager, comme indifféremment, sans crier ni que l'on voie l'un de ses bras levé pour appeler au secours, l'étonnait pourtant. On aurait dit qu'il restait passif et immobile dans le courant ; mais Denis savait aussi, d'expérience, qu'à grande vitesse l'eau porte sans que l'on bouge. En tout cas, il se mit à hurler à l'aide, en désignant de la main l'homme à sauver ; il fit beaucoup de bruit et dix gesticulations démonstratives, qui ne manquèrent pas d'attirer des spectateurs.

Le misérable passa l'arche du pont Cestio comme une flèche, défila devant les gestes impuissants du sauveteur éventuel et, en arrivant sur la cascade, en aval, s'arrêta soudain, avant le pont Palatin, pris dans un tourbillon subit, puis, emporté irrésistiblement par un contre-courant, se précipita, c'est le mot, comme s'il avait entendu ses cris, précisément à l'endroit où, debout, Denis l'attendait, jusqu'à toucher ses pieds.

Dérision ! C'était l'une de ces têtes-mannequins en mousse de plastique légère, olivâtre, sur laquelle, dans les boutiques de modes, on expose ou essaie des perruques et des couvre-chefs.

Furieux de son émotion et de son bain de jambes, de ses pantalons souillés, enfin du ridicule théâtral où il se trouvait pris, devant les éclats de rire des passants alentour, il saisit la figure menteuse et la jeta, de dépit, aussi loin qu'il put, dans le fleuve déchaîné.

Illusoire et verdâtre, la tête partit comme un éclair

vers l'aval et disparut dans les embruns qui s'élevaient de cette sorte de cascade après l'île Tibérine, quand, tout aussi rapidement, le même contre-courant la reprit, la fit remonter jusqu'à toucher, de nouveau, vers l'amont, l'arche du pont Cestio, suivit encore le fil du Tibre, et aborda pour la seconde fois à ses pieds, selon le même chemin. Deux fois il la rejeta, trois fois donc elle revint, rapide, légère, fidèle, comme un cauchemar. Verte.

Dans la ville des présages, peut-on négliger les signes ? Une tête – capitale – au pied du Capitole ! Le mystère des mots inquiétait Denis. Trois cycles en éternel retour évoquaient un revenant, des morts et des renaissances. Et cette couleur : espérance ou horreur ? enfer ou paradis ? La régularité dans le désordre furieux, les remontées irrésistibles contre les courants dominants, un front pensant au-dessus des turbulences, quel héroïsme ! Frissonnant, glacé, les yeux baissés, souffrant d'un début de mal de tête, il remontait, lui aussi, lentement, vers le pont Saint-Ange, où les statues regardaient ses chausses souillées avec leur sourire ironique... Rome commençait à lui apprendre des choses qui ne sont pas dans les guides.

Passant donc, cet après-midi-là, devant la devanture d'un modiste, il se fit à lui-même un cadeau : son premier chapeau de bourgeois. Sa calvitie réchauffée par le doux feutre, il se voyait, sans se reconnaître, dans les vitres translucides des boutiques. Pourquoi se pensa-t-il, alors, survivant, ressuscité, léger comme un rescapé ?

Parce qu'un souvenir lui revenait, dur et insistant, venu des inondations de Garonne et de leurs nuits de folie aquatique. Mariniers, tous les membres de sa famille avaient connu des moments tragiques, en mars ou avril, quand les affluents du Massif central et des Pyrénées grossissent vite et en même temps. Régulièrement et au hasard, cette somme tombe environ quatre fois par siècle. 1903, 1930, 1952, la dernière va venir. La deuxième de ces années-là, pour la sauver de ces eaux, l'on embarqua même sa mère, enceinte de lui, par la fenêtre du premier étage. Il avait donc navigué avant même de naître et pas seulement dans les eaux utérines. Il lui semblait qu'il s'en souvenait, puisque le moindre mouvement de tangage ou de roulis le plongeait dans une extase souveraine.

Vingt-deux ans après, le déluge revint. En temps ordinaire, le lit mineur du fleuve n'occupe que deux à trois cents mètres de large ; à la haute crue, il envahit son lit majeur, soit toute la vallée ; la plaine liquide s'étend alors sur plusieurs kilomètres. Au centre et dans l'axe, le courant follement flambe. Mais le danger pour le marinier vient moins de ce flux longitudinal que de la rapidité verticale de la crue et de la décrue. Si vous naviguez en mer, vous savez qu'à terre, il faut surveiller l'amarrage de votre bateau, le souquer ou lui donner du mou, selon la hauteur du flot et du jusant ; la marée peut laisser votre embarcation loin sur le rivage ou la suspendre droit à son aussière, comme un saucisson : dans les deux cas, on rira de vous. Imaginez une inondation comme une marée immense, quadriséculaire et capricieuse, sans loi, qui monte de huit mètres ou de dix en une nuit ou trois jours et descend brutalement, sans crier gare, en quelques heures. Il faut donc ne pas quitter le bateau : haler ou déhaler au treuil de papillonnage, assurer les amarres selon la hauteur de la crue et le bas de l'étiage, surveiller sans discontinuer.

Dès que l'eau montait, les mâles de la famille quittaient aussitôt la maison, avec une couverture et des vivres, sans savoir combien de temps ils resteraient absents. Tout jeune, pour des inondations pourtant mineures, il avait vu revenir son père épuisé, sale et affamé, après cinq jours sans sommeil. Plus tard, dans la Royale, il sut ce que voulait dire faire le quart. Mais le marin d'eau douce risque plus souvent sa peau que celui qui se considère, en mer, très au-dessus de lui ; la hauteur de la passerelle, sans doute...

Bref, en 1952, son tour arriva. Sur le ponton de tôle, par une bise coupante, l'équipage travaillait nuit et jour, à la hache, à débarrasser l'amont du bateau du bagassé, nom local des branches, des troncs, décombres et détritus, accumulé à l'arrière par le courant, et dont le poids menaçait sans cesse de rompre les amarres qui reliaient la drague aux deux rives ; ces câbles, en effet, dessinent, en travers du fleuve, une sorte d'entonnoir dont l'étranglement ramène sur le bateau tout ce que Garonne charrie ; et ce volume, énorme, croît encore en temps de crue : on croit voir passer des trains de marchandises. Et la nuit, ceux qui se reposaient, à fond de cale, entendaient les grains de sable, entraînés par le courant, crépiter sur la coque comme une mitrailleuse ; le vieux dragueur leur disait : « Entendez donc les cailloux ; la montagne nous envoie notre pain quotidien. »

La hauteur des eaux ensevelissait les saules ; ne dépassaient du courant que les hauts peupliers sans feuilles et, au loin, quelques toits de maisons englouties ; les mariniers se trouvaient isolés sur un plateau liquide gris, dont le son, surtout, domine le volume vide des choses. Quand le monde ordonne, il tonne : les orages tonitruent sur la montagne et la mer, les séismes émeuvent le sol de leur grondement d'orgue, la débâcle fait miauler la glace comme une femme qui se plaint de l'amour, les avalanches de séracs éclatent comme des canons... Denis connaît cette musique terrible émanée des profondeurs du ciel, de la banquise ou du sol ; telle une première parole, elle s'ensuit de près du bruit blanc ; alors, dit-il, notre oreille s'accorde au bruit de fond du monde. Qui parle ? Dans les cris hauts et dans les tons lourds, l'inondation, aussi, s'entend comme un déchirement de toile ou de soie au-dessus d'un grondement sourd, grave et caverneux, en basse continue. Ivres donc de fatigue et de ce bruit, l'équipage et lui entendirent soudain des coups de fusil.

A la première crue, chacun se réfugie, comme il peut, qui au second étage, qui sur le toit, et même d'autres, imprudents, parmi les branches d'un arbre. En ces occasions, les mariniers sauvent beaucoup de ces naïfs. Ce matin-là, il s'agissait d'un paysan qui, dès la montée des eaux, avait grimpé sur son pailler. En quelques instants, le courant rapide emporta, comme un fétu, l'édifice fragile et peu dense. Juché dessus, gesticulant, le malheureux métayer passait en plein milieu du fleuve fou, devant le bateau, mais à plus d'un kilomètre de distance, à une vitesse furieuse, en tirant, au fusil de chasse, des coups répétés en appels de détresse... hélas, nul ne pouvait plus rien pour le sauver... il alla se fracasser le crâne en passant sous une arche du Pont-de-Pierre, en aval, dont la crue avait aveuglé le jour. Le pailler ressortit du remous, et, bondissant de l'autre côté de l'arche, continua sa descente foudroyante, emportant dans son tourbillon le corps sans tête vers la mer.

Grelottant dans son pantalon froid, le patron marinier assujettit son nouveau couvre-chef et tourna le dos à la devanture verte et à ses souvenirs de jeunesse. Mais un coup de vent subit emporta capricieusement son chapeau, qui s'envola et, après une courbe gracieuse, amerrit au fil du Tibre. Denis, tout déconfit, crut voir filer son chef, à une rapidité d'enfer, sous une arche du pont Palatin.

Oubli

Fini de virer aux treuils, de naviguer, de voyager. Il a jeté l'ancre. Cette douleur, amère et sournoise, qui détaille sa carcasse, l'immobilise, raide, sur sa chaise où elle l'oblige, pour passer le temps, à se souvenir. Sa mémoire ne rencontre que des eaux courantes : les rivières de sa vie firent son corps, qui gèle, maintenant, et ne coule plus.

Et Denis, vieilli, ne décolère pas. Comme tous les anciens pratiques du fleuve, il habite à même le quai Baudin, au rez-de-chaussée, à trois pas du lit, et, tous les matins, avant que le soleil ne se lève, comme ses ancêtres l'avaient toujours fait, par sa fenêtre basse, il interrogeait, d'un regard expert, l'état de Garonne. Nul, ici, ne dit *la* Garonne : même l'artiste qui sculpta le monument sis au centre du jardin Louvois, face à la Bibliothèque nationale, à Paris, le savait, puisqu'il y associa, dos à dos, quatre femmes nues et debout : la Seine, la Loire, la Saône et Garonne, la dernière sans article, comme une grande personne. Il ne décolère pas, car, depuis quatre ans maintenant, sa fenêtre bute sur un mur aveugle. Il veillait sur l'eau et il ne la voit plus, car l'administration et la technique conjuguèrent leur puissance pour élever, juste devant sa maison, une digue haute d'environ trois mètres pour protéger sa ville et sa porte de son fleuve. Il en pleure. A l'endroit même où une vue large sur l'eau et la rive d'en face lui donnait, comme à ses pareils et à sa famille depuis des générations, la réponse à ses interrogations matinales, son nez se heurte à du béton sombre.

Il bougonne : « Pas étonnant que mon métier disparaisse, que mes fils et filles aient fui vers les grandes villes et que les personnes d'importance ne s'occupent que de dossiers. Pourquoi toujours un mur devant la réalité ? » Il pose sur la table, en face, un livre d'histoire qu'il vient de finir, où l'auteur raconte qu'à l'avènement du train, les compagnies ferroviaires réussirent à faire interdire, sur Garonne, les bateaux de voyageurs. « Déjà ! Décidément, la France déteste l'eau, douce ou salée ! Pays qui ne comprend rien à la marine ! » Mais il s'apaise, souvent : « Protectrice et douce, cette digue voile aussi sans doute l'heure de ma mort. »

Et, à son ombre, Denis rêve et s'endort.

« Or donc, avant de mourir, j'aimerais, pendant plusieurs jours, descendre encore Garonne, mes vieilles amours, seul ou à deux, dans la mutité des choses, et pouvoir, le soir, amarrer notre barque à un peuplier, sur une berge déserte, pour contempler longuement, assis sur un gravier – vie hâtive, quelques minutes encore –, le soleil tomber, double et gris rosé, parmi les remous, le bagassé, la flamme vivace du courant, l'odeur fade des eaux douces, le froissement des roseaux, la brise humide sur la peau, dans le calme horizontal et la fuyante mélancolie de ce qui ne cesse de se remplacer.

« Immortelle et présente maîtresse, première initiatrice d'instruction et de pathétique, mon vrai tronc de boue mêlée, Garonne coule en ma peau plus et mieux que le sang, la lymphe et l'influx nerveux, compte mon temps, d'amont à la mort – barque, frêle montre, sur le fleuve, grande horloge –, en me dictant ses turbulences et sa percolation : sais-je même si mes veines viennent de ses crues et de ses crises ou l'alimentent de leurs branches affluentes.

« J'entends toujours, en silence, son sifflement souple.

« Te souviens-tu, toujours la même et oublieuse, du temps où, goujon, je nageais, le ventre à toucher ton fond glissant de viscosités vertes, quoique tapissé de cailloux plats et ronds, tout en regardant les rayons du soleil obliquer dans tes eaux jaune-marron, en dessous de ta surface, te rappelles-tu la même époque où, lamproie, je me tordais, sous les piles des barrages ou des ponts, dans tes tourbillons dont la vis m'entraînait encore par le fond d'où, d'une pression latérale du pied, j'émergeais, rafraîchi et renaissant, comme d'une grotte amie, ère bienheureuse où, anguille, je me laissais aller, sur des kilomètres de ton cours irrégulier, rapide, lent, irrésistible, terrifiant, arrêté, mourant, évanoui, où j'appris l'écoulement du temps et, en toi, la caverne verte des femmes ?

« Gluante, glauque, boueuse, jade bouteille, puissante sorcière, elle, ma longue maison serpentine liquide, mère, amante, sœur et fille, matrice divine de mon âge de poisson. »

*

« Naguère, se souvient-il, éveillé maintenant, nous étions installés sur le quai, entre le Pont-de-Pierre et le Pont-Canal, éloignés entre eux de quelques kilomètres, plus près du premier que du second. En aval du chantier, un ancien débarcadère, témoin de l'époque, assez proche, où l'on naviguait encore sur Garonne, descendait au bord du fleuve pour accueillir les voyageurs et leurs colis, mais servait désormais aux lavandières pour le rinçage du linge. Elles passaient la journée à genoux au ras de l'eau à tordre draps de lit ou chemises, portés le matin de la ville sur des brouettes chargées en piles si hautes qu'on croyait qu'elles verseraient à chaque pas, et à frapper dessus avec de grandes battes de bois. Mêlées à ce tapage régulier, leurs voix tenaient le registre aigu d'une partition dont nos premiers moteurs assuraient la partie basse et les coups de masse notre batterie. À l'embauche du matin, il fallait entendre les saluts et les plaisanteries, plus salés que l'eau douce, entre les femmes, les casseurs et les rouliers : je n'en comprenais pas le quart. Je tire de ma première enfance l'idée que le vrai travail suppose, chez les hommes, des masses, et chez les femmes, des battes, et, pour les deux, la position penchée des corps à genoux et le geste rythmé de la main qui assène des coups. Recouvertes de cals épais comme des cuirasses, les paumes des hommes tentaient, parfois, d'attraper les doigts des femmes, rougis par l'eau froide. Ma peau remercie le ciel que les premières sincères caresses me vinrent de ces mains-là. »

Assis sur sa chaise, le vieux Denis regarde les siennes, tremblantes, une lumière dans les yeux au souvenir de ces amours d'avant l'aube.

« Dès l'aurore accostait la première sablière, dans laquelle sautaient deux ouvriers qui la déchargeaient à la pelle. Et le premier travail consistait à trier : les gros cailloux, d'un côté, pour les casseurs, et le sable, de l'autre, à travers des tamis posés obliquement pour recevoir la pelletée glissant sur le treillis, qui faisait ainsi son office de tri. Des machines, peu à peu, remplacèrent ces gestes : la grue, pour le débarquement, puis les bandes transporteuses, les trommels et les broyeurs... mais je me raconte l'époque, encore assez proche, où la main et le bras s'occupaient de tout. Les instruments majeurs : la pelle, pour le sable, et la fourche à neuf brins, pour les pierres – essayez d'enfoncer cet outil dans un tas de cailloux cassés pour tester la dureté du manche ! –, nous les appelions des mandolines ; oui, je suis né une pelle au bout des bras, de sorte que je me demande encore, passé soixante-dix ans, où j'ai bien pu mettre la mienne ; je la tiens encore en main.

– Où l'ai-je donc oubliée ? Dans le garage ? murmure Denis.

Il se retourne pour la revoir, mais en grimace de souffrance.

« En raison des tourbillons et des caprices du niveau, crues ou basses eaux, une manœuvre difficile consistait dans le transfert de la sablière, entre la drague, au milieu du fleuve, et le quai. Automoteurs plus tard, les bateaux, entre-temps, furent tirés par des treuils eux-mêmes mus au fuel ou à l'électricité ; mais, à cette haute époque, seuls les chevaux les halaient. Nous arrivions donc, le matin, entourés de juments et de hongres, gros boulonnais, hauts percherons... emmenés de l'écurie qui, dès que j'eus dix ans, servit de garage, derrière chez nous, pour les camions. Ces chevaux datent mon enfance de la préhistoire. »

Comme juché sur ces bêtes, Denis cavalcade sur sa chaise.

« Ces animaux de halage et d'attelage – ils tiraient aussi les tombereaux de livraison sur les chantiers de maçonnerie ou de routes – ne venaient de la selle, du manège ni de la parade, mais leurs montagnes de muscles cachaient de féroces ruses de méchanceté : ruade par-ci, coup de dents là, par-devant ou par-derrière... Traités au bâton, devenus dangereux, il fallait s'en méfier. Parmi eux, un cheval entier, Pompon, vieux chef de bande et dominateur des mâles et femelles, se signalait par sa dureté indomptable ; il se cabrait à tout propos sur le chemin de halage et, têtu comme un âne, refusait le collier. Il fallait toujours livrer bataille pour le forcer au travail. »

Machinalement, sa main cherche le fouet.

« Et donc, un matin d'été, bien avant le déjeuner, l'aube venait de poindre à peine, j'entends une altercation sur le quai. Lâchant la pelle, tout le monde se précipite et fait cercle autour de la scène : une fois de plus, le combat commence entre mon père et Pompon. Le premier tient la bride et la bête se cabre, dominant l'homme du double de sa hauteur. Spectacle : la rive haute, empierrée ; Garonne, derrière, large, calme et rose, au premier plan ; les bateaux immobiles dans les premières lueurs et les derniers brouillards de l'aurore ; vers la droite, les lavandières debout, tendant les bras vers le groupe statuaire de mon père hurlant et du mâle hennissant ; les casseurs et les rouliers autour, tout proches, mais n'osant intervenir, de peur de recevoir quelque mauvaise ruade ; les carrioles sur le Pont-de-Pierre, cochers arrêtés pour assister au dénouement...

« – Ah ! Pompon, tu mords, ah ! tu veux me mordre, Pompon, vieux bandit...

« Mon père crie et tire sur la bride pour abaisser le museau et l'encolure de la bête fière qui se lève sur les jambes arrière, verticale, et agite follement les sabots avant, comme pour casser la tête de cet homme qui, aussi orgueilleux que l'animal, le défie des mains, de la voix et des yeux...

« – Ah ! tu mords, et tu crois, pauvre couillon, que moi, je ne sais pas mordre comme toi.

« ... que fait-il, mon Dieu... ? Je tremble de la bataille, comme tous les spectateurs...

« – Ah ! tu mords et tu crois, imbécile, que c'est toi, le patron. »

Denis Montignac en sourit, maintenant ; il a vu partout le combat des chefs se jouer, parmi les bêtes sociales ; la dominance des mâles fait couler le sang.

« – Tu te trompes, Pompon, tu te trompes beaucoup... Ici, le patron, ce n'est pas toi, c'est moi !

« Les lavandières frémissent et les mâles se retirent. Bien dit, oui, qui faut-il appeler patron ?

« – Ah ! tu mords, vieux Pompon, eh bien, voilà pour toi !

« Et le père abaisse brutalement le cheval et le mord lui-même, il plante, il enfonce ses propres dents, incisives et canines, au beau milieu du museau, à l'endroit doux et tendre de la lèvre supérieure, là où d'habitude on caresse les bêtes. Et le sang dompte le monstre, adouci tout à coup, devenu mouton et plaintif. »

Denis serre les dents et il retrousse les lèvres, comme une tête de mort.

« Comme le voient les voisins du fleuve, regardez maintenant se déployer le train : serrée, crispée, la mâchoire paternelle, suivant son corps au dos courbé marchant à reculons, avec ses deux mains tendues pour abaisser la bride, oui, cette bouche, rouge, tire, bouche à bouche, le museau servile, tendu horizontalement, du cheval, qui, lui, tire le bateau, sur l'eau, avec les mariniers, debout sur les tonnes de sable, et qui agitent les bras, en signe de triomphe... »

Denis considère le mur de la digue, comme une momie assise face aux pierres intérieures de la pyramide : par-derrière et au-dehors, la vie ! Mais cet équipage qui avance lentement, il le voit à travers la muraille, devenue tout à coup transparente.

« Désormais Pompon entend la voix du maître et travaille comme nous. Les casseurs de cailloux, mes professeurs de sagesse, et les lavandières, mes initiatrices d'éloquence, prétendent même qu'il l'aime. »

*

Denis s'endort... mais avec le souci du bateau coulé...

« ... draguer du sable et concasser des cailloux, voilà mon vrai métier, le seul que j'aie jamais vraiment connu : des cailloux cassés pour l'encaissement des routes, du gravillon pour leur revêtement, du sable gros pour le béton et du plus fin pour les enduits. Cette profession suppose de naviguer sur les fleuves, à tous niveaux, d'en connaître les fronts de taille, sous l'eau, de manier dragues et suceuses, grues et bandes transporteuses, chargeurs et camions poids lourds. Jamais doux, toujours dur, métier de bagnard.

« J'ai commencé, je m'en souviens, à l'époque des chevaux et des massettes ; oui, combien ai-je ri d'entendre, un jour qu'ils passaient là, en vacances, des étudiants louer leur professeur de préhistoire d'avoir retrouvé la technique de la pierre taillée ; "D'un choc sec, disaient-ils avec admiration, le maître ouvre le cristal selon la ligne de clivage. Quelle adresse !" Ils pensaient que nous avions perdu le coup de main depuis des millénaires, alors que toute mon enfance avait accompagné les ouvriers qui, du matin au soir, cassaient des cailloux, des lunettes en grillage à cheval sur le nez, pour protéger les yeux des éclats de granit et de silex, tous extraordinairement experts pour en séparer les morceaux selon l'angle d'attaque de la massette. Ils en ouvraient les éclats, d'un seul coup adroit, comme de grosses noix. De quand dater leur existence et la mienne ? Du néolithique ? »

– ... plus récent qu'ils ne le croient, murmure Denis.

« Les plus experts devaient casser un demi-mètre cube de cailloux par jour. Assis en tailleur, sur un sac, face à eux, je leur demandais de raconter des histoires de Garonne. Alors, tac, la pluie, tac, la fit déborder, tac, tac, il y avait de l'eau, tac, jusqu'au centre, tac, de la ville, tac... Entre chaque mot, la massette s'abattait, tac, sur les cailloux qui s'ouvraient comme des livres. Le chantier des casseurs faisait un salon de causeries interminables, mais, le plus souvent une vraie classe, où j'ai pris mes premières leçons : inoubliables. »

Tac, tac, et sa main se lève et s'abaisse sur l'accoudoir de sa chaise, comme pour battre la mesure du temps. Sa souffrance fait qu'il pense qu'il casse ses propres os.

« Je me souviens du jour et de l'heure sur lesquels les préhistoriens se trompent un peu : un ingénieur de Bordeaux vint sur le chantier y installer un concasseur à mâchoires ; alors oui, devant ces dents de tungstène entraînées par un diesel, nos mains habiles refluèrent vers la pierre taillée... je devais avoir neuf ans... finies les conversations, sous le tonnerre en baryton de ces broyeurs, terminée l'école maternelle. Les moteurs remplacent la main et la voix des hommes, et les premiers camions, à transmission par chaîne, ébranlant le sol de leurs roues à bandages, éliminent les chevaux. Sous le hangar, le cambouis prend la place du foin et plus personne ne peut y dormir, comme jadis, dans la paille... combien, épuisés de la journée, ronflaient, pleins de mauvais vin, dans les bottes et s'y réveillaient le matin, après avoir pissé dans leur pantalon... »

Vraiment éveillé, Denis revoit le mur et ses larmes coulent... vite, le bateau coulé...

« ... heureusement, il n'avait pas fait le saut ; le naufrage avait eu lieu en amont du barrage. Le matériel de renflouement se compose d'une pompe à fort débit et de trois bateaux, disposés en fer à cheval et munis de treuils, de chèvres ou de palans dont les chaînes et les câbles, bien capelés aux bittes de chaque bord, s'amarrent, vers sept mètres de fond, à la coque de l'épave. Il ne reste plus qu'à tenter la manœuvre ; la dernière, je l'espère, après les échecs des jours passés. A la manivelle, tout le monde, et dou-ce-ment, sans heurt, à mon commandement ! »

« A mon commandement », chuchote Denis.

A revivre cet instant, l'émotion lui serre le cœur.

« Sur les efforts des filins tendus, les trois bateaux donnent brusquement de la bande. Pour la première fois depuis trois jours, aucun câble ne casse. Au bout d'un temps qui paraît interminable, l'ombre glauque du bateau de cent cinquante tonnes vient comme un fantôme sous le vert sombre de la surface. A l'apparition du plat-bord englouti s'arrête le souffle de tous. Vite, je branche la pompe, qui rugit et vomit, du côté de la rive, une colonne d'eau longue et ronde... alors, oui, je sens diminuer d'un coup la tension des filins et l'épave elle-même tangue, comme si elle vivait ou s'ébrouait.

« – Gagné, se dit-il, gagné... le patron, mon père, va sûrement me féliciter. »

Denis s'agite sur sa chaise et sourit d'orgueil.

« Lever un bateau coulé fait partie des aventures, rares par bonheur, du métier de marin ou de marinier. Pour le devenir, il faut savoir se sortir de cette mauvaise affaire. Tous l'avaient fait dans la famille et considéraient cette épreuve presque comme un examen. Celui qui franchit l'obstacle se révèle digne du titre de bon pratique : on devrait même donner son nom au bateau qu'il relève, né, lancé pour la deuxième fois, rené ! Le père va sabler le champagne ! »

Denis rit encore de sa réussite. Ce souvenir l'enthousiasme encore et son cœur bat dangereusement.

« Soulevé d'une joie fière, je reviens à la maison, pour annoncer la nouvelle au père. Je n'ai pas poussé la porte que j'entends le téléphone. Tiens ! Le maire de la commune rurale où se tient le chantier d'aval... "Quoi ? Comment ? Que dites-vous ?" Avec les gendarmes et le médecin légiste, ce vieux paysan, notre ami de toujours, vient de reconnaître, en travers de l'ancien chemin de halage, mort, la moitié du corps dans le courant, le corps du patron... le brave homme croit devoir annoncer la nouvelle à la famille... il en hésite et tousse, d'émotion et de gêne...

« A peine ai-je déposé l'appareil que le chauffeur du vingt tonnes apparaît, voûté, toussant, pâle. Nous descendons tous deux, du bureau vers le camion ; en bas de l'escalier, le poids lourd, chargé de cailloux, ronfle doucement. Silencieux, le conducteur me fait signe de grimper tout en haut de la benne : sur le tas de grave gît le père, en salopette, dégoulinant d'eau, les cheveux pleins de sable et du gravier dans la bouche ; ses pieds nus s'enfoncent dans le chargement.

« Alors moi, le fils, j'élève et je baisse les yeux : à mes genoux, mon père enlisé, l'ancien vainqueur de Pompon retrouvé, ce matin, les mains en Garonne et le visage face à l'eau courante, comme s'il espérait la descendre enfin jusqu'à la mer, oui, jeté sur le sable, ce cadavre qu'aucun treuil ni câble ne pourra relever du naufrage, et, au loin, sur la même eau, dont le sang du soleil couchant rougit la douceur, mon épave relevée... la relève de la vie...

« Alors seulement j'entends le chauffeur qui demande :

« – Mais où le met-on, patron ?

« A qui parle-t-il ? A moi ? Et de quoi ? Du bateau, du cadavre, de mon corps ou du fleuve ? »

Denis songe : l'épaisseur de la muraille, en face, aveugle et oublieuse, fait obstacle au souvenir... Garonne percole, mon fleuve d'oubli.

« A moi ? » Et il s'interroge : « En ces temps-là, en ces lieux-là et en ces sociétés-là, les batailles pour la dominance opposaient, durement, les hommes aux bêtes et aux choses, cailloux, chevaux ou bateaux, et non aux autres hommes, lavandières mes amours, casseurs mes frères et amis... Un tel bagne : enfer ou paradis ? »

Denis s'endort et rêve encore du paysage.

Etroit d'abord en montagne ou dans ses gorges, le lit large de l'eau s'élargit entre les Serres et, plus fertile peu à peu, déploie ses champs de maïs et de tabac. Quelque détail que montrent les villages ou les terres cultivées, ne paraît nulle trace d'industrie ni de manufacture ; mis à part les travaux connexes qui, en arrachant les haies avec les rideaux de saules et de peupliers, agrandirent les emblavures, le paysage resta stable pendant des centaines, peut-être des milliers d'années. Disparue partout et devinée ici transparaît par l'espace, comme un voile pieux, une antiquité sereine.

Toujours porté entre leurs deux hanches, me suis-je jamais levé de ces collines au nom desquelles je naquis et au milieu desquelles mon temps filtre encore, même si je traîne, instable, par des continents lointains ? Que je revienne et aussitôt je me couche le long de ma mère, ma sœur, ma fille, mon amante la rivière, prends mes appuis du coude et des genoux à la base des coteaux, place mes organes parmi les pêches, les raisins et les prunes, la tête à la source du fleuve et les pieds à son embouchure, bras et mains suivant les affluents, ventre collé au bassin fluvial, et laisse aller mon sang avec le courant. Autrefois accouché par le flux, je coule comme lui et en lui enfante des eaux différentes. Si partout ailleurs vole mon esprit vif, ici gît mon corps.

Terré parmi les auteurs paysans de ce paysage ancestral, que saurai-je écrire d'autre que ces douces lignes aux pages d'argile, l'horizontalité calme fleurie au printemps, cette descente entêtée qui s'emporte souvent, cette beauté d'automne béni qui s'apprête à disparaître ? Pour encore quelques instants courts, dans la quiétude ailleurs assassinée, ici je demeure.

Bêche, sème, cueille, marche, nage, tu m'y trouveras.

Les voisins le retrouvèrent raide sur sa chaise, une trace de larme liquide au milieu de la joue, ses yeux morts fixés intensément sur le mur aveugle de la digue.

Mer et ciel

[RÉCIT]

Noël au radar

Réveillé en sursaut, j'aperçus au-dessus de ma tête, le radio les yeux brillants, le verbe rapide, la voix rauque, entouré de bras gesticulants ; je ne l'avais jamais connu qu'impassible.

– Vite, lieutenant..., bégayait-il. Message de détresse... perdu dans la brume... panne sèche...

Avant même de comprendre, je sautai de la bannette. Minuit n'avait pas sonné. Arrivés tôt dans l'après-midi d'un long tour en Iroise, presque tout l'équipage et la majorité des officiers avaient quitté le bord, ne laissant en rade, pour la garde, qu'environ dix personnes à errer dans la sombre coque sonore. Plus solitaires encore cette nuit-là que de coutume, nous avions tristement fêté la Noël autour d'une table sans guirlande. J'avais même essayé, sans succès, d'appeler au téléphone ma famille lointaine. Après une promenade parmi le crachin, sur le pont, où parvenaient de Lorient, au loin, quelques lumières floues et tremblantes, restait la muraille de fer à qui confier, nez à nez, mon premier sommeil... interrompu comme au couteau par le radio.

Titubant, je le suivis dans la coursive ; resté à poste, son matelot répondait à un appel à la limite de l'audible et répétait de ne pas quitter. En se coupant sans cesse l'un l'autre, tous deux, excités, racontèrent l'affaire. Après le repas, ils avaient pris, comme à l'ordinaire, la veille sur la fréquence de détresse, où ils entendirent soudain un appel qui semblait venir d'assez près. Un avion privé avait décollé le soir même, non loin d'Edimbourg en Ecosse, et le pilote, son propriétaire, se rendait chez des amis en Angleterre, pour le dîner de Noël. Happé par une nappe de brume, le malheureux s'était égaré ; tournant, perdu depuis plusieurs heures, arrivé au terme de son carburant, il lui restait moins de quinze minutes d'autonomie : au secours !

Ils finissaient à peine leur récit en se désespérant de ne pouvoir rien faire, quand un quartier-maître, que je n'avais pas vu derrière moi, s'écria :

– Puis-je monter en haut du grand mât ?

Avant même que j'aie pu répondre, Le Goff s'éclipsa par l'échelle, non sans avoir lancé :

– Rendez-vous dans cinq minutes dans la salle de radar !

Noël 1956. Imaginez, si vous le pouvez, les timides commencements du monde, si récent, de la communication. Les escorteurs d'escadre de cette époque ne portaient, dans les hauts, qu'un panier tournant selon un axe vertical, couplé à un vieil écran de navigation datant de la guerre ; de la hune, ce radar primitif balayait l'horizon et interceptait même les grains ; j'avais pensé mourir d'angoisse, deux ou trois fois, pendant les quarts de nuit, en voyant fondre sur nous, droit devant, des îles si peu prévues que, pendant cinquante secondes terrifiantes, je crus mes calculs faux depuis que j'avais pris mon poste à la passerelle, sur laquelle, brusquement, croulèrent pluie froide et vent tourbillonnant, pendant que l'archipel en question s'évanouit sur le verre bombé ; mais le long de ma colonne vertébrale, la sueur de peur avait coulé en une rivière plus abondante que ces eaux du ciel, heureuses et bienvenues. L'antique casserole demandait que l'œil prolonge la machine. Noël 1956. A l'époque, nous vivions encore coupés les uns des autres, comme isolés sur des îles. Désormais liés en permanence, nous avons oublié ce temps où manquaient les moyens de repérage et où un brouillard intense exposait donc encore un pilote à la mort.

Au désespoir, nous montâmes lentement dans la chambre noire où le quartier-maître Le Goff, déjà descendu, avait allumé l'écran.

– J'ai déboulonné le socle..., haleta-t-il, j'ai poussé le panier en dehors de son support... incliné maintenant, il balaie très au-dessus de l'horizon.

– Ainsi déglingué, combien de temps va-t-il tenir ?

– A Dieu vat, lieutenant.

Né autour d'Arcachon d'une famille bretonne, il employait encore l'expression de ses ancêtres voiliers, lorsqu'ils se livraient, par les pires temps, aux dernières manœuvres, folles et désespérées. Nul ne disait mot dans la salle sombre où, en silence et comme hallucinés, nous suivions le rayon dont la rémanence verte tournait dans le cercle vide. Le radio avait établi une connexion de sorte que nous pûmes expliquer au pilote égaré ce que nous tentions pour le trouver. Toujours rien sur la lucarne.

Il se passa, là, dix minutes aussi longues que des années d'attente pour un amoureux éconduit. Plus aucune chance, mais qui sait ? Plus aucun espoir... alors, à la vie, à la mort, l'espérance...

– Je te tiens, dit soudain le quartier-maître dans sa barbe, je te vois, je te garde, je vais te donner ta position.

L'écho venait d'apparaître et nous le lisions bien. L'aéronef égaré volait entre l'île de Groix et le golfe du Morbihan. Mystère de la brume et des vents, comment avait-il pu dériver du Sussex vers le sud de la Bretagne ? Au moyen des éléments recueillis par la machine, je calculai en hâte sa route pour qu'il gagne au plus vite la base aérienne de Lann-Bihoué, la plus proche. Le radio lui transmit les chiffres. Je téléphonai alors au poste de garde, à l'aéroport. Et minuit allait sonner.

– Attention ! Allumez tous les projecteurs au ras de la piste. Du banc de brouillard, vous allez voir descendre le petit Jésus ; il atterrit dans une minute.

– Plaisanterie facile, monsieur !

– Non, non, il y a urgence, que diable !

– Pardon. Appel reçu...

– Vite, préparez du fromage et du lait, de l'encens et de la myrrhe... mais n'oubliez pas les tartines et le cognac, car il a eu chaud, et faim et froid !

L'Ecossais se posa dans les délais prévus. En bout de course, racontèrent les gens de Lann-Bihoué, son moteur toussota et, réservoir d'essence vide, rendit l'âme.

Nous n'entendîmes jamais plus parler de cet homme.

Je naviguai douze mois encore en compagnie de ce quartier-maître solitaire, intelligent et ombrageux.

Il m'arrivait de lui demander :

– Le Goff, quelle récompense veux-tu pour cette prouesse ?

– Appelez-moi Joseph, lieutenant.

Son sourire brillait d'humour dans sa barbe.

[*Paysage*]

Coup de vent plein nord

La vraie Bretagne se dévoile l'hiver. Marcher autour de Belle-Ile fin décembre, suivre les falaises vertigineuses de la presqu'île, en croix, de Crozon ou les abers du Finistère-Nord, dos à la brise ou face aux grains, par coups de soleil et embellies subites, immerge dans le bonheur doux-amer des commencements du monde. Par la lessive pérenne des amours interfaciales que la mer fait au roc et au sable, l'estran découvre l'émergence et ennoie la mort des vivants.

Par un beau matin du tout début janvier, je venais de rentrer du Palais à Quiberon par l'un des bateaux de l'aube – la vraie Bretagne se dévoile de l'eau –, quand le hasard de la randonnée me fit tomber sur le minuscule aéroport de la presqu'île. Je demandai du pain-beurre et du café au bar, où, à une table encombrée de bouteilles de bière, quatre vieux briscards, la casquette sur la nuque et le mégot sur l'oreille, tapaient le carton en attendant que se lève le brouillard. A quelques termes salés, je saisis qu'il s'agissait d'anciens de la Royale. « Vive la Marine, monsieur », dis-je en m'approchant et je déclinai le nom de mes vieux vaisseaux ainsi que deux ou trois états de service. Quelques claques dans le dos et messeigneurs me font asseoir parmi la fraternité nautique. Je m'acquitte d'une tournée générale avant de plonger tête en avant dans la conversation qui tourne, comme jadis, naguère et demain, autour de notre mère la mer.

Une invitation aussi conviviale ne se paie pas en canettes seulement, mais en bons mots et en histoires aussi. Contrairement à moi, tous ces gaillards venaient de l'aéronavale et racontaient des coups fumants où se mêlaient vagues et rafales, nefs et aéronefs, appontages limites et parachutes déchirés. Mon tour arrive. Je demande qu'on m'excuse de quitter les porte-avions mais, par courtoisie, je laisse les navires de surface pour des ailes plus légères.

– Va, mon gars, nous t'écoutons.

Alors, je prends le grand ton ; ainsi faut-il faire devant un pareil parterre.

« Je ne sais plus quelle circonstance m'avait déposé dans l'aéroport, petit comme celui-ci, d'une ville au beau milieu du Montana, par une matinée sinistre de novembre, avec l'obligation de repartir de là plein sud ; le fameux grand ciel montrait pis que de la mauvaise humeur. On dit là-bas que seules quelques barrières de fil de fer barbelé, dressées çà et là pour garder les génisses, protègent le jardin et la maison des tornades glacées ruisselant du pôle Nord. Malgré l'avis de coup de vent, rigolard et casse-cou, le pilote nous embarque à cinq ou six dans un méchant coucou déglingué, de la taille d'une automobile des années cinquante, en mâchant son chewing-gum et en roulant des épaules comme un cow-boy de cette époque, encore assez proche, dont les industriels ont tiré tant de films et qui, justement là et en vérité, ne dura que six mois parmi le désespoir et l'alcool. Il crie dans le hangar qu'on allait bien s'amuser. Décollage face à la tourmente, virage et cap vers le Wyoming.

« Tout le monde comprend, dès cent mètres de haut, à quel genre de loisir nous allons nous adonner. Tout ce que les grains du bouclier canadien comportent de rage et de turbulences, le vent, de l'arrière, nous le donne dès l'abord. L'avion glisse, pique, tangue, tombe dans les trous d'air ; la tornade nous secoue dans la carlingue comme six dés dans un cornet. Allons-nous rouler à terre ? A qui le gros lot ?

« Elle a vingt-cinq ans, j'en ai cinquante. Ligotés par la ceinture de sécurité, nous nous faisons face, genoux contre genoux, comme seuls au monde, dans le chahut des éléments formidables. Tailleur bleu, cheveux tirés, chignon soigné, elle ressemble à une hôtesse de l'air. Inquiète, sa bouche crie en silence des mots que le moteur, irrégulier dans les rafales tonitruantes, ne me permet pas d'entendre et son ouïe paraît saisir parfaitement ce que, fermé dans un mutisme peureux, je ne lui réponds pas. Je crois percevoir l'accent du Middle West, admire le menton rond et volontaire des Espagnoles, mais ne comprends pas le front : basque, oui, peut-être basque. J'ai cinquante ans, elle en a vingt-cinq.

« Que nous nous agitions dans ce cornet secoué me fait penser, qui sait pourquoi, à l'origine du mot "dé", qui vient, le savez-vous, du verbe "donner" ; le tohu-bohu de l'air, ces montagnes enneigées soudainement proches à travers le hublot et ce dé charmant horriblement ballotté avec moi, devant moi, me sont aujourd'hui donnés, comme une sorte de grâce. Cette idée toute gratuite me plaît ; je dois, un peu sottement, rire aux anges, comme on dit. »

Tirant sur la pipe, mes anciens protestent que je n'y connais rien, puisque l'apéro, jamais gratuit, hélas, encore moins donné, se joue au 421 avec un cornet, certes, et trois dés convenablement agités. Mais ils en ont vu assez pour m'accorder que le fuselage puisse ressembler à une corne d'abondance d'où sortent leurs histoires interminables.

« Alors, oui, la grâce advient. Elle a cru que je lui souriais et elle me sourit en retour. Le menton entêté disparaît, fondu dans le charme du pli qui paraît sous la lueur inquiète des yeux. Je te salue donné plein de grâce, admirable petit dé roulant dans l'atmosphérique destin. Pensant cela, je la bénis des yeux, dont je sens qu'ils deviennent doux. Alors, face à moi, perce un regard céleste qui me fait baisser les paupières. Emoi passager. »

– A votre âge, vous n'avez pas honte ? s'exclame, avec pudeur, le chœur aéronaval.

« Au creux de mon bras, nerveusement arc-bouté sur l'accoudoir, le hublot s'emplit de flocons volants et de nuées sales, où s'abîme un canyon rouge, étroit et sinueux ; nous évitons, droit devant, deux chandelles de roches, une cime inquiétante nous passe sous le ventre : vrilles, tonneaux, chandelles, ressources, comment donc classez-vous vos désordres d'acrobates ?

« Je souris, de nouveau, vers le dé du donné au hasard, qui me rend aussitôt le sourire. En général, même très ballotté, l'avion demeure dans un grand cube de volume, stable quelles que soient la hauteur, la largeur et la longueur du chahut, comme si le tourbillon, même fou, s'y logeait. Je me repose en cet espace où nous dansons comme les petits cubes dans le cornet ; grâce à ce fond de zone tranquille, une manière de calme revient à mes lèvres malgré le danger. Elle perçoit que j'ai un secret, se confie en cette découverte et me dit tacitement que, même si elle n'en sait pas le mystère, elle n'a plus peur ; de cette confidence, je ris ; elle sourit pour en sceller le contrat ; ses yeux deviennent doux, aussi.

« Je crois qu'elle s'accroche à mon regard comme on s'agrippe à une bouée quand on coule. Et de nouveau me parle sans voix et sans que je puisse entendre, sous le tonnerre des moteurs et les basses des rafales.

Son sourire mime le mien, le mien mime son sourire, fluctuant tous les deux, crispés, inquiets, rassurés, selon les secousses et les torsions de l'avion. Et, tout à coup, je vois dans ses yeux qu'elle a compris que si elle peut s'attacher si fortement à mon regard, c'est parce que mon regard s'accroche au sien comme on s'agrippe à une bouée quand on coule, que je lui dis sans voix ce qu'elle entend sous la noise du grain, que la sérénité me vient du charme qu'elle m'offre. Elle découvre aussi que mon secret consiste en ce que je la découvre. Alors, le vaisseau de l'air s'affourche sur deux ancres dont la plus forte croche dans sa sereine beauté. Fixe soudain et comme stable, la barre transparente qui porte nos échanges traverse l'habitacle roulé dans le tohu-bohu et devient d'autant plus secourable qu'à chaque va-et-vient de signes heureux de la bouche et des yeux, elle se renforce et se met à soutenir de son axe puissant toute la cabine qui, du coup, danse de plus en plus régulièrement et en des rythmes d'autant plus raffinés que ses cahots multiplient nos rires et nos voix tacites qui rendent harmonieuse la valse et tenace cet axe. Les chocs hasardeux produisent, à travers nous, cet ancrage qui nous sauve des chocs hasardeux. Les angoisses de la référence perdue, les aléas des turbulences, les bruits des filets de vent sur la carlingue tordue se transforment en plaisir donné par une danse réglée sur la musique subtile de cette fugue à deux voix. »

Sifflets modulés du chœur entier pour saluer l'émergence de cette harmonie.

« Sans doute, messieurs, avez-vous tous fait de la voltige ; moi jamais et la donzelle, je suppose, moins encore ; vous savez donc, nous ignorions. Ce qui suit et que je dis en mémoire d'elle et dans ma barbe ne vous concerne donc pas : quand, sous les coups aléatoires des flux, se perdent la verticale et l'horizon, donc toute référence usuelle, que, par un fondu enchaîné chaotique, la plaine mitée de lacs passe au plafond et le volume du ciel sous le siège, que la forêt fait le mur et la paroi de la montagne le plancher, parmi un ensemencement de grêlons et de brumailles déchirées, on fait l'amour avec le monde comme on roule uni à une femme dans un lit sans limites. Avant une telle expérience, séparés d'elles, nous ignorions toutes choses. Nous entrons en elles tout autant qu'elles entrent en nous. Dans la Bible, cela s'appelle *connaître.* »

Respectueux de religion, les amis s'inclinent.

« Ou bien, enceinte de nous, la Terre danse follement et, comme tête-bêche, nous roulons ensemble dans son utérus. Tout tourne comme dans l'ivresse et nos corps acceptent que le vrai monde enfin se donne, là, furieux, hasardeux, et en rotation comme il se doit. Nous filons comme le coup de vent, roulons comme la planète, tombons comme pluie ou neige et volons comme elles, vibrons comme le tonnerre, planons, glissons et fluctuons comme les nuages, cassons ou craquons comme la glace, nous tordons sur nous-mêmes comme des branches d'arbres ou des ailes de mouette, faseyons comme des bords d'étendard, de plume ou de peau...

« Jetés réellement dans le monde, au beau milieu de ses forces et sous elles, devenus vraiment ses sujets, nous nous involuons dans les choses au lieu de les voir seulement. Mieux que perception : acceptation. »

De gestes approbateurs, les aviateurs marquent qu'ils savent qu'on n'aperçoit les fluences courantes du monde que si le corps danse avec elles la chamade.

« Je ne sais plus si – je parle en image –, en faisant l'amour, la belle piquante brunette et moi-même nous faisons entrer les choses du monde dans la danse immensément éparpillée de notre commune joie, ou si, en faisant l'amour avec les choses du monde qui dansent follement autour de nous, entre nous, avec nous, pour nous, par nous et en nous, une déesse devant moi se lève parmi la furie élémentaire. Le monde existe par elle qui existe par les choses. Car ce front sur les yeux lumineux, je le reconnais, maintenant : non basque mais purement inca, précolombien, antérieur à la culture blanche. Secouée, comme centrifugée, du métissage espagnol se sépare une face étrange, tragique, austère, mystérieuse, énigmatique, oui, divine. Cette femme s'élève à une telle altitude, dans des conditions si déchirantes, qu'elle renouvelle les pratiques de son peuple, en acceptant le sacrifice humain au haut de la montagne sacrée, dont la cime nimbe son visage d'une lueur phosphorée. J'assiste au sacrifice ou collabore à l'apothéose. Or son expression soudain obscure et l'arc de son regard volontairement tendu me donnent à comprendre qu'elle comprend la même chose de moi et se fait la prêtresse qui préside le même office, inversé. Qui donc suis-je devenu, pour elle et parmi les objets ?

« Au plus proche voisinage d'une aussi étrange mort, par dispersion des parties du corps, ai-je jamais tant perçu, connu, aimé le monde et une femme qui m'aima et me connut tout autant que les choses du monde ? »

Alors, il me sembla que les vieux aviateurs savaient.

« Quarante-deux minutes après, nous sortîmes d'affaire dans le nord du Wyoming, non loin de Yellowstone Park. Au moment d'atterrir, nous vîmes même, parmi les trouées de forêt vert-noir et le calme extravagant des lacs, le Vieux Fidèle, geyser dont le panache haut semblait saluer, en giclant et fumant, notre retour parmi les vivants. Apeurés au bruit des moteurs, des troupeaux de bisons et de wapitis fuyaient devant nous en s'égaillant de toutes parts comme en éventail, pendant que le paysage étalait sous les yeux l'immense quiétude dont devait jouir le paradis par le silence et le bruit de fond précédant le langage des hommes.

« Nous débarquâmes, rompus, hachés menu par la tempête et les mouvements capricieux du tabernacle mobile. Elle descendit devant moi. Son tailleur bleu resplendissait de blancheur sur la neige fraîche et son visage rayonnait, comme illuminé par une auréole candide, pendant que battait sous mes côtes la croissance volumineuse d'une joie si magnifique, exultante et jubilante, que mon thorax encore en porte les cicatrices. Que n'ai-je planté une tente pour habiter là, pendant quarante-deux minutes sur trente-cinq millions ?

« Alors, surgie du fond de l'avion, une ombre soudain me dépasse et la déesse inca s'en va, bras dessus bras dessous, avec son équivalent garçon, droit devant vers la vallée, pendant que je me retourne vers l'horizon barré des montagnes. Bien que, posé, je me tienne debout et tranquille, quel fragment de ce fil de fer barbelé enlevé à la prairie par la tempête me décroche et me déchire maintenant le cœur ? »

« Dites donc, amiral, me lance le voisin en riant, après s'être secoué, mouché, avoir tiré sur sa pipe et vidé le fond du canon, le brouillard se déchire, on dirait ; si nous allions voir la mer ? »

Je restai ce matin-là trois bons quarts d'heure en l'air, en compagnie de cet ancien officier des équipages, que les mécaniques de l'aéroport ne consolaient que vaguement de son veuvage, juste le temps de passer sur l'un des plus beaux paysages du monde : le port de Lorient et les îles, de Groix l'austère à la gloire de Houat, la marqueterie dentellière du Golfe et les alignements de Carnac que nul jamais ne voit, de terre, et dont l'immensité sainte, vue d'avion, étonne.

La vraie Bretagne se dévoile d'en haut.

Montagne

[RÉCIT]

Terzilio

Comme, avec ferveur, la cordée croit au génie des lieux, Edouard, le guide, Anne-Marie et Paco, les clients, ne manquent jamais de faire visite à Terzilio, avant d'attaquer l'ascension du mont Viso, ou par l'arête est ou par d'autres voies plus difficiles. A deux cents pas des sources du Pô, juste au départ du sentier qui conduit au refuge Quintino Sella, le vieux sage italien vit sous un ciel aussi couvert de nuages et d'orages que son temps fut chargé de gloire et d'années. Entouré de sa tribu dans sa petite auberge solitaire, il y reçoit ses amis avec la courtoisie bourrue et raffinée d'un paysan aristocrate. La cordée le nomme le dieu Pô.

Bien avant que commence la dernière guerre mondiale, sa souplesse, sa force, son endurance et son talent de grimpeur l'avaient poussé à choisir le métier, assez rare encore en ces temps, de guide en haute montagne. Eleveur et cultivateur, son père, comme tout habitant des Alpes, à l'époque, ici ou de l'autre côté de la frontière, haïssait un sport qu'il tint pour frivole et servile jusqu'au jour où son fils lui montra qu'il gagnait la valeur d'une vache par course ou par jour ; la famille ne se remit pas de la liasse qu'elle entrevit ce soir-là. Mais le mal était fait : indigne et méprisé, le jeune homme prodigue avait quitté sa famille, pis, avait traversé les crêtes, parce que, alors, en France, une mode irrésistible poussait les riches, venus des grandes villes, surtout d'Angleterre, à courir les glaciers et les sommets en été, ou les pentes de neige l'hiver. En quelques années, il compta parmi les plus fortunés des vallées alentour. A peine avait-il oublié son indigne exclusion que, respecté, admiré, courtisé, adoré des jeunes et des femmes, il les traînait derrière sa courte taille, sa carrure puissante et son alerte démarche. On payait cher pour suivre Terzilio comme guide ou moniteur. Savoir franchir les crevasses en souplesse lui avait valu de passer rapidement les abîmes, autrement plus redoutables, de la bouse à la soie et de la grange aux casinos.

Or, sans crier gare, la Seconde Guerre mondiale tonna.

Piémontais de naissance, il ne put rester en France, dès que les deux pays, en ces années sombres, s'opposèrent ; mais, inversement, Savoyard de langue désormais, d'amitiés aussi et surtout de fortune, son retour en Italie posa des problèmes insolubles. Ici ennemi, mais férocement jalousé là, il dut se cacher des deux pays et des deux populations, en parcourant les crêtes frontières, elles-mêmes surveillées, les armes à la main, par les chasseurs alpins des deux camps.

Une troisième vie, pour lui, commença : autant il occupait le centre de la gloire, autant il devint, alors, la cible de tous les fusils, rival commun aux belligérants : chassé comme exclu, mais aussi chassé comme gibier. D'aisé, il devint le plus pauvre des hommes, car les uns et les autres lui faisaient payer cent fois le pain et le lait qu'il devait acheter à la dérobée. Il descendit de la fortune au comble de la misère, ne survivant qu'en marge et fort mal, en tiers entre les deux pays, considéré partout comme traître et déserteur. Il payait le règne qu'il avait connu par une persécution en règle. Il dut se déguiser souvent et nul ne reconnaissait ce vieillard monégasque ni ce berger suisse égaré, ce curé venu de loin bénir une étable ni ce pasteur des vallées protestantes citant la Bible à contretemps, ce paralytique suppliant, ce bossu niais ou ce sourd-muet... cet homme des neiges, sans feu ni lieu, errant et famélique parmi les hauteurs inaccessibles.

Anne-Marie seule finit par deviner son secret ; elle insistait tant pour que la cordée passe par l'auberge, quand Pian del Ré devenait accessible, qu'Edouard et Paco riaient sous cape de cette idylle : elle, si belle, et un tel vieillard ! Alors, la jeune montagnarde s'installait au coin du feu et Terzilio lui parlait interminablement ; silencieux, en général, comme une pierre, il ne se confiait qu'à elle. De loin, entourés par les éclats des flammes, l'on eût cru deux amoureux, penchés l'un vers l'autre, tête noire et cheveux blancs, face lisse et joues ridées, babillant et riant comme des gosses.

Et le secret valait le détour.

Il lui disait que, loin de le rendre amer, ce passage de la gloire à la misère lui avait enfoncé dans la tête des semences dures de miséricorde. Lié à un camp, il eût, peut-être, épousé leurs haines stupides ; mais connaissant les deux partis, aimant sa famille sur l'un des versants et au souvenir de ses amours dans l'autre, il prit pitié de leur opposition.

Car il connut, là, les pires ordures de la guerre. Entre un fortin et celui d'en face, tout aussi hérissé d'armes, entre une casemate et celle de l'ennemi, gît un no man's land, aux parois verticales, aux glaciers crevassés, où l'on saigne sans soins, où l'on a soif sans recours, où se prolongent les souffrances jusqu'à des tortures indicibles ; on n'y ramasse pas toujours les blessés, on n'y enterre pas toujours les morts, on y laisse les douleurs hurler au soleil et dans le froid mortel des nuits. Terrible partout ailleurs, la guerre devient plus atroce dans des conditions difficiles, comme celles de la haute mer et de la haute montagne, où le vaisseau de fer et le fortin de pierre constituent les seuls recours. A la mort par chute ou par naufrage, parmi les gouffres de rocs ou d'eau, s'ajoute celle des canons et des balles. Habitant le désert intermédiaire de murs abrupts et de séracs noirs, en la seule compagnie des chamois et des choucas, il y fit l'immense découverte de la cruauté de l'animal humain, plus dangereuse que celle des orages et des avalanches. Habitué, en ces lieux, à porter secours en toute circonstance à une cordée en difficulté, il vit, inversement, à quel point l'homme-bête hait la même bête qu'elle et, pour mieux la tuer, la laisse crever sans pitié. Errant parmi cet espace à la limite du vivable, des malheureux le transpercèrent de compassion. Dissimulé en haut d'une vire étroite et vertigineuse, il assista, un soir, à une boucherie, sanglante et inutile, à la baïonnette ; à la fin, les vainqueurs tailladèrent au couteau la plante des pieds des vaincus survivants pour qu'ils ne puissent plus marcher ni bouger ; accrochés à la paroi ruisselante de sang, agonisants, ils remplissaient les échos de leurs hurlements.

Alors, comme ressuscité, il se décida.

A partir de la semaine qui suivit, nul ne sut jamais qui avait secouru puis guéri tel blessé, laissé pour mort non loin d'une cime, et ramené, par miracle, à quatre pas de la casemate ; quel fou avait assez d'audace pour ramasser entre les lignes, par des parois impossibles, des souffrances pantelantes ; quel sauveteur portait à boire et à manger, de nuit, à des bivouacs où quelques éclaireurs finissaient de vivre, les jambes brisées ; quelle bouche secrète passait les murs de glace pour avertir les soldats des deux camps d'une attaque de l'autre et réduire ainsi le nombre des morts... Tenace pendant ces mois de guerre, une légende alors se mit à courir parmi les chasseurs en armes sur les crêtes, évoquant un fantôme invisible et bon, une âme des Alpes, souveraine, qui avait déclaré la guerre à la guerre, une Sainte Vierge qui, portant une croix rouge sur le bonnet, multipliait partout prodiges et miracles.

Jamais Terzilio ne dit qu'il s'agissait de lui. Mais, quarante ans après, le vieux génie du Pô, vraiment amoureux d'Anne-Marie comme les dieux le deviennent parfois des belles mortelles, consentit à lui confier, aux heures bénies de ses visites, avant les montées dans le massif noir, dont la neige et la pluie généreuses baignent de leurs eaux le nord de l'Italie, qu'il apprit, là, son métier de guide, que la langue du pays décline, justes délices, au féminin.

Il enchaînait, parfois, sur une histoire plus longue : que, pendant une nuit de l'hiver 1942, il avait transporté deux soldats italiens et trois chasseurs alpins français dans une sorte d'igloo qu'il avait construit au couteau à neige sur les pentes du Visolotto. Il préparait du vin chaud à ces mourants dont le délire se mêlait au brouhaha de la tempête dans la nuit, quand des roquettes venues des deux côtés de la frontière attaquèrent le réduit. Chaque camp massacrait ses propres blessés. Brève, la bataille fit rage deux heures. Autour de minuit sonnant, les vainqueurs trouvèrent sur place des morts que leur charcuterie vaine avait mêlés en les hachant. Au moment où ils atteignaient la vire étroite où l'igloo s'écroulait sous les tirs croisés des assiégeants, ils crurent apercevoir, dans les éclairs de lumière que faisait la neige sous le feu des fusils, un fantôme (une femme ?) qui s'échappait, dans une cape bleu marine, en tenant une sorte d'enfant blessé dans ses bras. Par peur du surnaturel, ils ne poursuivirent pas la bonne Madone.

– Si, Anna-Maria, la Madonna, c'était moi, et le Jésus, c'était le seul rescapé ! Il est mort, depuis, dans son lit, voici trois ans, sans savoir !

Des larmes jusqu'au menton, Anne-Marie sourit avec lui de la plaisanterie et la cordée, loin du foyer, ne comprend pas ce que lui raconte encore le vieux

Terzilio. Lui fait-il la cour ? Nerveux comme un grand d'Espagne, Paco trouve que cela commence à bien faire. Sévère, Edouard le calme, et, quand le guide parle, mieux vaut obtempérer, même quand la jalousie s'en mêle.

Quand la guerre s'acheva, Terzilio reprit, tranquille, son ancien métier ; tout le monde oublia les années de guerre, car chacun pardonne aux autres le mal qu'il leur fait. Prudent, il choisit ses clients, se montra peu, enfin se retira dans l'auberge de sa femme, d'où il part quelquefois vers les sommets du Viso ; il préfère l'automne et l'éternité bleue des courtes journées ensoleillées d'octobre.

Le plus souvent, il bivouaque là-haut, seul.

[*Paysage*]

La fuite du jardinier

Une page du carnet de Terzilio

Nuptialement, quatre chamois dansent sur la pente des névés, dont la verticale chaste enfante les eaux mères, par cascades, torrents et retenues, parmi les rhododendrons et les azalées dont les calices carmin se déploient sur de grandes étendues, renouvelant, pendant le printemps, l'éternité du jardin solitude, où, aussi respectueusement que se taise mon silence, je porte, avec moi, le froid, la soif, la sueur, l'effort, le souffle court et, de l'homme éconduit, l'inquiétude.

Par la transparence de l'air et la légère lumière, à la fin des arbres persistants, quand l'herbe se perd sous les cailloux austères et que les murailles se redressent, suspendu au-dessus de tout habitat, sans et avant la douleur et le travail, commence le paradis : suis-je digne d'y entrer ?

D'ici-haut, mon advenue chasse-t-elle, devant elle, la descente des eaux innocentes, les nuages qu'emporte la brise intelligente, la fournaise blanche et clignotante des glaciers ensoleillés, les oiseaux peureux, les insectes nombreux et l'indifférence des bêtes hautaines ? Pourquoi ces fuites éperdues ? à qui inspiré-je cette crainte ?

A mesure qu'ébloui j'avance, m'élève, admire, découvre, ne me semble-t-il pas, surtout, que recule, s'échappe, s'effraie, disparaît, invisible de toute évidence, entraînant avec soi les êtres et les vivants qui courent devant moi, choucas, chamois, flux d'eau et de vent, comme s'il faisait la somme de tous leurs émois, un absent immense qui me hante, mais s'en va ?

Ici présent à l'aurore, encore, soucieux de composer soi-même les merveilles souveraines de ce paradis, loin au-devant de mes pas il emmène à sa suite, dans l'éventail immense du sillage de sa fuite, la totalité de l'être, l'air et les rivières, les quadrupèdes, les abeilles et les volatiles, non que tous aient peur de moi, mais ils l'aiment trop pour le quitter, fuyant, lui surtout, devant mon arrivée : leur jardinier.

Pourquoi l'ordonnateur de cette beauté redoute-t-il ma présence et en évite-t-il même l'approche ? Parce que, depuis le commencement de leur nouvelle puissance, dans la douleur et le travail, mes pareils enlaidissent et pillent, ravagent et dévastent les paysages d'ici-bas.

De nos épées de feu, nous avons chassé Dieu ou la beauté de nos paradis. Or, le dernier jardin, le voici.

Timide et désarmé, son créateur se cache derrière les sommets, coule avec les gaves, va au vent, se noie sous l'eau noire des lacs, s'abîme dans les crevasses, s'éclipse sous le clignotement aveuglant des lumières blanches de la glace, étouffe sa voix dans le silence des parois, précède la débandade panique des bêtes, terrifié devant la force morne des hommes médiocres, prêts à détruire le dernier paradis, évanoui aux limites angoissées de l'ultime et fragile splendeur des choses, *factorem cœli et terræ, visibilium omnium et invisibilium, patrem nilpotentem*, facteur du ciel, de la terre, des choses visibles et des invisibles, père sans aucun pouvoir.

Seule l'infinie faiblesse crée de la beauté.

Vent

[RÉCIT]

Clameurs et calme

Makalu, camp IV
Nuit du 10 mai, dans l'ouragan

Ma chère Clémence,

Liras-tu jamais ma lettre ? Je ne connais plus ton adresse. Sous le tohu-bohu et les claquements du vent, dans l'igloo, enseveli par la neige, où j'attends la fin de la tempête, avant de regagner le camp III, plus bas, rien d'autre n'existe que le rond jaune de la torche et ce papier à qui je confie que je ne pense encore qu'à toi. Ce message naît de la tornade.

Alain et Georges ont dévissé, hier matin, aux deux tiers du pilier ouest sous lequel nous nous trouvons bloqués ; après leur disparition dans le versant chinois – oui, sept cents mètres de chute ! –, François a été pris de convulsions ; j'ai dû le bourrer de coups de poing, puis le porter. Je viens de le déposer sain et sauf dans l'igloo d'à côté, avec Gérard, meilleur montagnard, tu le sais. Mais il a fallu aussi que je les réconcilie ; chacun voulait commander, l'un en raison de sa vieille expérience de l'Himalaya, l'autre parce qu'il le domine dans la hiérarchie civile. Leur bagarre a failli nous coûter la vie.

Je marche et grimpe toujours en tête afin que nul ne voie que je ne cesse pas de pleurer. La lampe faiblit ; je ne peux plus écrire... moins trente, quel froid ! Depuis quatre jours, le vent hurle si fort que je n'entends rien et que, les oreilles bouchées par ses sifflements, j'habite, de l'autre côté du bruit, le silence. Clémence, je t'aimerai toute ma vie. Sourde et muette, ma phrase sort des hurlements de la bourrasque et s'y égare ; elle en vient, elle s'y perd.

Le 12 mai, lever du soleil

Le vacarme du vent croît ; il craque, claque, clame, crépite, détone, explose, gronde, vrombit, tourbillonne, varie et module... quel tintamarre de tous les diables ! Qui parle dans ce brouhaha formidable ?

Voici quatre jours, pendant l'ascension vers le col nord, à un moment, rien ne passait, ni devant, ni derrière, ni d'aucun côté ; impossible de monter ni de descendre. Le mauvais temps avait déjà commencé. Aveuglés par la bise tranchante, cisaillés par le froid, nous pensions aux deux autres, de la deuxième cordée, dont les corps gisaient au bas du mur vertical. Nous ne pouvions pas rester plusieurs heures de plus en équilibre sur le bout des crampons. Il fallait essayer un passage abominable. Je voudrais te remercier de ce que j'ai pu...

Mais il me semble entendre, dans l'igloo voisin, l'un des deux crier, comme s'il délirait. J'y vais. Pourrai-je passer sans danger à travers les tourbillons ? On dirait que son appel au secours vient du fond du lit du vent.

Le 13 mai au soir

Toujours mauvais temps, rafales. Sans visibilité, impossible de partir. Les vivres s'épuisent. Je leur fais du thé... Comme je ne suis plus certain de rentrer, je te dis la vérité : quoique tu ne m'aimes pas, je t'aime encore et je t'aimerai toujours.

Depuis quatre jours, l'ouragan saute et cingle, ronfle et siffle, crie et gueule, encourage et domine, mais jamais ne caresse... étendu, immobilisé, aveuglé, insensibilisé par le froid, mon corps devient une gigantesque oreille. De ces clameurs d'enfer, je traduis ce que j'entends. Oserai-je jamais t'envoyer ma partition ? J'ai mis toutes ces nuits à l'écrire ; peut-être même m'a-t-elle sauvé de la mort. Tant pis, la voici.

Clameur d'amour

L'amour entend que le monde chante et danse. Les équations de sa charpente, la prudence qui préside à sa présence, la générosité fragile dont brille sa nécessité, les labilités du devenir cachent des tonalités fondamentales, des harmonies de base, puis une rumeur que seule la musique fait ouïr et que seul l'amour écoute.

Depuis longtemps j'entends le bruit de fond du monde ; plongé en lui, roulé par lui, je sais qu'il vibre vers toi et t'enveloppera de murmures. Et donc, partout et toutes les fois que la musique te parviendra, entends que le monde résonne d'amour pour toi.

L'amour lance le corps dans le chant et dans la danse. Le bonheur des muscles, la tension du sexe, la flamme qui traverse le port en mouvement vont et viennent en mesures et reprises, enchaînent des refrains, suivent fugues et canons, au-dessus d'une complainte et d'un gémissement que seule la musique fait ouïr et que seul émet l'amour.

Depuis longtemps j'entends ce bruit de fond du corps ; plongé en lui, bousculé par lui, je sais qu'il vibre vers toi et te couvrira de caresses. Et donc, partout et toutes les fois que la musique te parviendra, entends qu'un corps brûlant frissonne d'amour pour toi.

L'amour dicte que la langue chante et danse. Les règles de sa rigueur, les entrelacs de la syntaxe et du sens, la coulée de l'éloquence, le chromatisme des voix et la mosaïque des consonnes sombres évoquent l'harmonie sous la mélodie, qui toutes deux cachent un brouhaha que recouvre aussi la musique et que seul parle l'amour.

Depuis longtemps j'entends le bruit de fond de ma langue ; plongé en lui, enchanté par lui, je sais qu'il vibre vers toi et t'ondoiera d'appels, de sollicitations et de rythmes. Et donc, partout et toutes les fois que la musique te parviendra, entends des voix et des cris d'amour pour toi.

L'amour comprend que la science chante et danse. L'exactitude fusionnelle du monde et de mon âme, la rigueur de leur apparentement, la coalescence accordée de leurs lèvres accolent ensemble deux colonnes vibrantes qui cachent un tohu-bohu commun que seul l'amour explique et que domine la musique.

Depuis longtemps j'entends le bruit de fond de la connaissance : plongé en lui et rendu meilleur par lui, je sais qu'il monte vers toi et t'inondera de la joie intuitive. Et donc, partout et toutes les fois que la musique te parviendra, entends l'harmonie du monde, d'une âme et d'un corps demander l'entrée dans le lieu harmonieux où ton corps, ta langue et ton âme dansent et chantent avec le monde, pour l'entente de l'amour.

*

– Le papier s'arrête là, dit Gérard, en le remettant à Clémence.

En ce beau début de nuit d'été, le guide et la gardienne s'asseyent sur le balcon suspendu devant la porte du refuge. L'immobilité de l'air ne ferait pas trembler la flamme d'un briquet ; seule la haute montagne, au crépuscule, baigne dans cette sérénité surnaturelle. Pas de bruit ni de musique : les clients dorment, peut-être.

– Nous avons trouvé la lettre dans son sac, après qu'il nous a quittés ; la voici, je crois qu'il te la destinait.

Elle lit en silence les feuillets sales que lui tend Gérard Prunier.

– Elle n'a pas grand intérêt, rit la fille ; que je sache, qui de nous ne passa pas par là, dans l'Himalaya, les Alpes ou les Andes ? Tout le monde entend le vent !

De naissance savoyarde, grande, infatigable, excellente rochassière et aussi bonne sur la glace, en tête de préférence, dure au mal et froide, elle garde, au pied de la brèche de la Meije, à plus de trois mille mètres, le refuge du Promontoire où il faut s'encorder dans la salle même avant de le quitter. Ils évoquent leurs souvenirs du mont McKinley, en Alaska. Gérard revient de l'expédition qui a si mal tourné, au Makalu, pyramide intense à l'étrange couleur fauve, voisine discrète de l'Everest et du Lhotse. Avec lenteur, sans parler, ils boivent leur tasse de thé. Mais il veut encore dire quelque chose ; il hésite ; fine, Clémence s'en aperçoit :

– Allons, vide ton sac, maintenant, au moins avant de tirer ta cordée vers le glacier Carré !

– Tu sais... il nous a vraiment sauvé la vie. Constamment.

– Alors ? Une fois l'un, une fois l'autre... notre pain quotidien, que je sache.

– Arrivés au camp de base, dans des conditions épouvantables, après que notre cordée eut passé, quoique à la limite du possible, toujours grâce à lui, nous avons mangé, bu et dormi trois jours de suite, avant même de pouvoir parler.

– J'imagine. Rien là d'extraordinaire.

– Quand nous avons eu, enfin, les yeux en face des trous, nous l'avons, François et moi, remercié.

– Il fallait lui payer à boire, voilà tout !

– Non, pas tout. A un moment, François lui dit : « A part toi, la pensée de ma fille, qui m'attend dans sa vallée, en France, m'a permis de passer à saute-mouton sur la mort. »

– Je la connais. Quelle garce elle devient !

– Et moi, je renchéris : « A part toi, le souvenir que ma mère a encore besoin de moi... »

– Si je comprends bien, tout le monde y allait de sa larme. Mais tu vas me faire pleurer, ajoute-t-elle en riant.

– Peut-être, ma sœur de pierre ! « Quant à moi, dit le signataire de la lettre, notre sauveteur, comme celle que j'aime se moque de moi, j'ai pu tenter lentement le passage impossible – je n'ai rien à perdre ni à espérer – puis, dans cette dalle droite, vous assurer tous les deux, qui avez la chance que l'on vous attende. »

De ses yeux devenus vagues, Clémence regarde le glacier des Etançons dont les séracs noirs rosissent, sous elle, dans le crépuscule calme pendant que le silence immobile envahit le volume des sommets. Le paradis : pas un grain de vent. Gérard attend que bouge un trait de son visage. La nuit, tranquille, l'efface.

[*Paysage*]

L'envers du paysage

Dentelle belle de matière inerte que travaillent le temps des vivants et l'histoire des cultures, et dont l'information sensorielle, appels, odeurs et teintes diverses, traverse le tissu aux cent plis, le paysage, fragile, en déséquilibre sous sa sérénité tranquille, s'expose au risque de s'effondrer.

Que deux ou trois plaques profondes tremblent sous lui, et la Terre semble vouloir se débarrasser de cet entrelacs précaire et aérien comme d'habits superflus, dont les chiffons se déchirent et chutent aussitôt parmi le grondement d'orgue de ces chocs et de leurs ondes. Alors, sous les apparences à grand-peine dessinées, depuis des millions d'années, par la faune et la flore, les paysans, les ouvriers, les architectes et les jardinières, mais détruites en un moment, se perçoit l'envers du paysage, ce qu'il cache et comment il se comporte sans hommes : un voile se déchire, une barrière s'abat, une frontière s'ouvre devant une réalité jamais vue, pendant que cesse la condition habituelle d'aveugle et de sourd : apparaît une vérité que la planète, fondamentalement nue, cherche à faire entrevoir volontairement. Comment nommer le terrain découvert sous ces ruines, et dont nul ne sait dire, en ce jour de colère et de joie, s'il porte la fin ou le début du monde ?

Il manque à la langue, sur ce point trop sage, un mot pour désigner ce qui gît sous cette *découverte*, au sens que donnent à ce terme, non les dictionnaires, mais, dans leur pratique journalière, les extracteurs de sables et graviers, les carriers, les mineurs, les professions de travaux publics dont le premier travail consiste à extraire la couche de terre superficielle au-dessus du matériau, plus ou moins précieux, à exploiter ; comme ce manteau cache le stock, son enlèvement précède l'extraction.

Ainsi le tremblement de terre collabore à la découverte de ce lieu, fondamental et sauvage, où toute intervention humaine s'annule et s'efface. Jardin soigné sous une latitude sans risque majeur, la France fait silence sur ce terrain au-dessus duquel ses paysages, vivants et humains, élèvent et tressent leur belle dentelle.

Pour qu'un tel secret, que les doctes nomment nouménal, apparaisse, il faut un événement phénoménal, au sens le plus populaire, une colère gigantesque des éléments qui, sous la flagellation, totale et méticuleuse, de leur ire, dévastent l'ensemble et le détail des apparences ; le travail de découverte ainsi parfait, advient ce terrain qui n'a de nom dans aucune langue, le fond noir du puits aux vérités.

Par un roulement de feu de la terre profonde, il faut, en effet, qu'une plaque rocheuse épaisse casse brusquement : catastrophe, alors, autour de l'épicentre ; ou qu'un violent orage ravage la haute montagne, où les alpinistes, perdus, savent qu'ils n'ont plus d'espoir ; que, parmi un désert, brûlant ou glacé, un vent de sable lance au ras du sol ses lames de rasoir ; que le mauvais temps d'hiver peuple la nuit de la banquise ou qu'un cyclone aveugle ce qui reste visible du monde, en vol ; qu'une tornade démonte l'océan pour en faire un enfer sale : à Dieu vat !

J'eus la chance de survivre quatre fois à un paysage dont l'effondrement laissait voir ce réel affleurer sous les ruines, comme un souvenir de la terre première :

par le séisme Loma Prieta du 17 octobre 1989 ; dans le feu et les éclairs d'orage d'été, au mont Viso et au sommet de la barre des Ecrins ; en l'air, par le cyclone David au golfe du Mexique, dans les parages de Porto Rico, en octobre 1973 ; sur l'eau, enfin, plongé, roulé, battu par une tempête de l'hiver 1956, entre Port-Saïd et les rives de Crète. Alors j'ai vu, ressenti et entendu le langage sauvage de l'inhumain : celui, incroyablement bas, du sol abyssal ; les langues de feu, en pluie mauvaise, de la foudre ; celles de vipère, coupantes de sable, qui cisaillent les jambes et taillent le visage ; les langues venteuses de la turbulence, qui bousculent et renversent au hasard ; mais je me souviens surtout des langues, blanches, grises, sales, de lames géantes déferlant devant la proue et soudain précipitées sur mes épaules, comme si des murs de hauts immeubles s'effondraient sur moi ; les ruines d'eau pèsent des tonnes. Dans tous les cas, le corps, debout, ne peut pas garder la station usuelle, mais tombe et se couche, emporté, roulé, bousculé, martelé, pilé, piétiné.

Il s'effondre avec le paysage.

Derrière les simples qualités sensibles, l'orage éradique les dimensions, aussi bien dans le sens de la mesure, puisque la hauteur des vagues sous la violence du vent dépasse l'estime du regard, que le hurlement des éléments l'emporte sur les capacités de l'ouïe, mais aussi dans le sens des directions stables de base, puisque l'assise, la hauteur et la profondeur fuient. Par la pression proportionnée de fluides, l'oreille interne garantit le sens de l'équilibre, alors que l'oreille externe permet d'entendre les sons, par certaines vibrations. Il existe un lieu où la première, qui sculpte la tenue globale du corps pondéral, touche à la deuxième, qui, en transmettant l'information du bruit et du verbe, introduit donc aux significations cognitives ; assurance du rapport entre l'âme qui sent, sait ou pense et le corps qui se tient et survit, ce point nous ancre dans l'habitat, et noue secrètement notre intimité au monde. Que, par l'excès du tohu-bohu, le typhon dépasse la mesure de l'oreille externe, désormais incapable d'ouïr sa langue, et, par la destruction des dimensions, bouleverse la capacité de l'interne à régler le port habituel, alors non seulement le corps et l'esprit s'échappent, chacun de son côté, mais surtout, leur intime association ou jonction, leurs épousailles vitales et spirituelles s'éparpillent dans le désordre des éléments.

Cela se nomme la mort. Voilà pourquoi ce qui se découvre *là* n'a de nom dans aucune langue, car nul langage ne désigne le cadavre en cet état. Voilà, aussi, pourquoi celui qui en sort n'en a que peu de souvenirs, en avouant volontiers qu'un autre a tenu le coup, à sa place, et que, passé six nuits dans l'enfer, il renaît : même ou autre, il ne sait pas. Avec l'envers du paysage, il connaît l'envers du corps.

De même que la réalité paraît sous l'éradication des apparences, de même, ainsi déshabillés de leurs comédies quotidiennes et de leurs gestes convenus, râpés, curés, pelés tout autant que le paysage, les hommes donnent d'eux-mêmes ce qui reste sous leur découverte. Ou ils ne peuvent soutenir cette loyauté de base et, alors, s'abîment et dorment, assommés, suffoqués, drogués, après une crise, plus ou moins grave et longue, de panique, ou ils se dressent et gouvernent le bateau à quatre ou cinq seulement, deux à la passerelle et trois aux machines, ensemble accrochés en haut et au bas du porte-voix, axe énergétique et spirituel de l'épave affolée à la cape, pendant que les quatre-vingts autres, inutiles, affalés, bouclés dans leur bannette, changés en légumes ou poutres, végètent.

Et, de nouveau, nous manquons de mots pour dire comment le corps se comporte, alors que le terrain sauvage exige de lui de barbares manières. Profitant de la perte de son point haut, entre les oreilles, dans la tête, on dirait qu'il redescend, brutalement, l'évolution, et la remonte, à tâtons, pour choisir d'autres bifurcations dans l'arbre, et rester un moment dans le nid d'une autre espèce. A l'émergence de la terre fondamentale correspond la naissance d'actes de vie élémentaires. Le corps entre dans des ères primordiales.

Entre autres souvenirs, il me semble avoir dû changer mon axe de mammifère, dressé par la pesanteur, en une symétrie ponctuelle de radiolaire ou de poussah, dont la boule lestée passait, naturellement adaptée au milieu vertigineux, du plancher sur le mur, vite horizontal, et de celui-ci vers celui d'en face par l'intermédiaire du plancher, aussi vite vertical. Pour cela, il fallait délaisser la dernière prière de l'*Homo erectus*, sa supplication agenouillée ultime : alors, le corps s'accroche de moins en moins à une barre ou à un filin, attaches qui lâchent, mais s'incorpore au vaisseau, de sorte que, jamais, il ne ressemble tant à un navire, non point à son pilote, mais à sa coque ou à son bau, lieux de fond où solides et liquides s'épousent, et en fin de compte à un oursin ou à une étoile de mer, flexiblement stables dans les eaux furieuses. Et puisqu'il ne peut avoir aucun rapport aux choses, fuyantes sous la main, il faut remplir les poches de tout le nécessaire, boussole, montre, nourriture, boisson : sans objet, les animaux trouvent tout à même leur corps.

Alors que dans le poste d'équipage des végétaux s'assoupissent, à la passerelle et aux machines quelques animaux s'agitent. Non, ma mémoire ne remonte pas le cours de ma vie, mais bien le temps global des vivants, pendant que la Terre, sous la découverte, revenait, brusquement, aux époques primordiales.

Flore et faune sur l'esquif, dans le brouhaha primitif.

Au-delà de ces jours stupides et sans pensée, vécus à la mort et dans l'enfermement poreux des murs de fer et d'eau, secoué, tourmenté, harcelé, malmené, noyé, taillé en morceaux menus par le tumulte, le vacarme et le fracas des cataractes permanentes et de leurs chocs désordonnés, assourdi, étouffé, aveuglé, gelé, affamé, assoiffé, raidi, exténué par le manque de sommeil, par-delà ces six nuits sans répit ni souvenir naît soudain, au sein de ce qui reste de corps, par sa douleur cuisante et les plus noires ténèbres, une immense, géante, explosive, extatique, paradisiaque, tonitruante joie, dont la croissance sans fin emplit de sa pleine densité mystique l'espace qui ressuscite de la loque agonisante, paix silencieuse et tranquille en terrain découvert.

Quelle vie naîtra, de même, à l'article de la mort ?

Îles et jardins

[R É C I T)

Jungle dans la ville

Traducteur raffiné, doué d'une pensée vive
et sarcastique, Y..., mon ami, mourut à Kōbe,
enseveli sous les décombres de sa maison,
lors du séisme des mois passés.

Gravées sur la dalle de son cénotaphe,
puissent les lignes qui suivent consoler son ombre
et contribuer à son salut.

Sise à quatre-vingts kilomètres environ de la ville de Kōbe, Kyōto retentit au tremblement de terre de 1995 dont l'étrangeté donne aux ingénieurs tant d'inquiétudes et aux géophysiciens des problèmes renouvelés. A comparer ce séisme au Loma Prieta qui secoua, en 1989, le nord de la Californie, ceux qui eurent la malchance ou le bonheur de vivre les deux événements les jugent équivalents. L'échelle de Richter le confirme : tous deux atteignirent 7,2 à l'épicentre.

Un autre de mes amis habitait avec sa famille dans l'immédiat voisinage du zoo de Kyōto ; une grille seulement séparait les cages de sa maison. Je connais bien ce jardin pour y avoir suivi, tout un après-midi ensoleillé d'automne, les amours adamiques et triangulaires d'un père girafe avec sa fille ; au lieu de se guinder sur ses grands chevaux, si j'ose dire, la mère y donnait la main, si je puis encore m'exprimer de la sorte, comme pour initier l'adolescente aux premiers mystères de la vie. Le pensionnat ne donne pas que de bonnes habitudes.

Advenu avant que le soleil ne se lève, le séisme, donc, fit entendre son bruit chtonien habituel, comparable aux notes les plus basses de grandes orgues, accompagné des claquements consécutifs aux effondrements, chutes et destructions de toutes choses, mais surtout, là, du brouhaha ou du tohu-bohu confus des animaux affolés par le choc : lions, gorilles, tigres, chameaux, reptiles, bouquetins, vertébrés de tous poils et volatiles de tous plumages rugissaient, feulaient, hurlaient, bramaient, blatéraient, sifflaient, pépiaient... beuglaient comme une jungle étrange revenue aux angoisses naturelles de la terre. Entendez-vous ce concert désordonné ? Clameurs du sol, explosions et fracas des ruines, écroulements et ruptures, appels et cris des groupes et des personnes, couronnés par le charivari chaotique des bêtes... sur le fond du silence primitif de la nuit... faut-il déchiffrer, là, un message de l'enfer terrestre comme certaines musiques indiquent un paradis perdu ?

Sortis vite du lit, échappés des murs à risques, les enfants comme les parents crurent à ce moment, devant la grille effondrée, que, profitant des brèches et des catastrophes, un troupeau innombrable, dangereux et clamant allait se ruer sur eux et envahir la maison. Anxieux, les adultes cherchèrent d'instinct comment s'en défendre et vécurent la terreur d'être dévorés crus. Confiants, au contraire, la fille et le fils, qui connaissaient les mœurs des animaux et avaient depuis longtemps donné un surnom à chacun, les considéraient volontiers, sinon comme des jouets en peluche, du moins comme des commensaux, et se montraient enchantés de recevoir enfin ces vieux amis dans leur chambre. Epouvante ou chance rare qu'un ménage changé en ménagerie ? Mélange terrifiant pour les parents, mais, pour les jeunes, quelle aubaine de les réunir tous dans un nouveau jeu des familles et d'avoir à table, comme dans les gravures de leur livre de fables, la girafe sur échasses, la panthère athlète et le vautour au cou désolé ! Cela valait bien de se lever avant d'avoir fini les rêves pour les perpétuer réveillés, en voyant les adultes plongés dans un cauchemar. Ces sentiments opposés partagèrent la famille à l'apex du tremblement de terre : enfer ou paradis ?

Le croira-t-on ? Accoutumées à leur esclavage et comme droguées d'immobilité, les bêtes ne quittèrent fosse, cage ni volière, même lorsque les barrières s'en trouvèrent démantelées. Elles hurlèrent sans bouger, comme si elles attendaient que les grilles reviennent, aveugles à leur présence donc à leur disparition. Par de telles transparences claustrés dans les écoles, les villes, les métiers, usages, mots, pensées... les abandonnons-nous jamais, même à l'article de disparaître, même sous l'impact d'un accident intense et imprévu ? Nous ne nous laissons aller qu'au désordre des plaintes. La peur du chaos nous rapproche-t-elle de ces bêtes oublieuses de la jungle ou craignant d'y revenir ? Où se trouvent l'ordre et le désordre, l'enfer et le paradis ? Car la jungle elle-même, que, naïfs, nous croyons livrée au pêle-mêle et au désarroi, rend-elle invisibles des grilles renforcées par ses muettes lois ?

J'éprouve rarement la passion de jalousie. J'ai vécu le Loma Prieta où je notai que, lasse de nos habitudes méchantes, la Terre désirait s'en débarrasser, comme un animal énorme, enfoui et bas, jusque-là immobile et muet, dont le frisson volontaire de l'échine, en un instant de rapide caprice, cherche à faire fuir les tiques qui la parasitent. Hélas, je ne vécus point le terrible séisme de Kōbe, au moins pour aider mon ami à ne point quitter son beau pays, mais aussi parce que aucun spectacle n'égale ce chancellement du paysage, aucun événement ne vaut le réveil soudain de la planète en son jour de colère, comme au soir du Jugement dernier. De même que la musique étouffe toute angoisse, l'ouïe de sa voix profonde y assourdit le cri de la peur. Je ne suis donc pas jaloux de ceux qui entendirent là, encore une fois, l'appel abyssal des enfers. Mais la jungle chez soi, mais le retour rêvé des bêtes dites sauvages à la maison des hommes, mais la réconciliation finale des vivants ! Avoir manqué, unique en son genre depuis l'aurore des temps, cette extase de jardin premier !

Certes, il faut un tremblement de terre pour que la belle et sereine Kyōto s'inquiète d'un désordre qu'exorcise le pur calme de ses temples. Cent parcs tissent sur la ville un réseau protecteur qui la suspend au-dessus du volume et de la durée. Pendant un temps dont je ne sais s'il fit partie de ma vie, allongé sur des pelouses, j'y plane en relâches ravies ou, à pied, vole de l'une à l'autre.

Imprévisiblement, me voici dans un jardin exigu et frugal, âpre de gravillons blancs et de branchages ascétiques, si dépouillé que l'espace y lévite d'extase. Parmi ces formes nettes et sèches, claires et noires, me trouvé-je seul ? Non, j'y dérange, sans le vouloir, un jeune couple qui s'y adonne à ces gestes que leur symétrie partagée rend aimables. Je fais semblant de ne rien voir, mais tous deux, terrifiés d'avoir été surpris, rectifient la tenue et l'habit. Je m'éloigne pour les rendre à leurs ébats, mais le jardin, trop étroit, ramène toujours les chemins sur eux-mêmes, de sorte qu'à chercher à les éviter, je tombe sans cesse dans leur voisinage. Croient-ils que je les surveille, je ne sais, mais soudain, ils fuient, épouvantés. En apercevant mes cheveux blancs dans l'eau limpide entre deux pierres, je me demande, stupéfait à mon tour, quel personnage j'incarne. Qui joue le rôle vengeur ?

Nus et amoureux du premier jour, Eve, juvénile, et Adam, adolescent, quittèrent-ils le Paradis, se croyant coupables, alors que le Bon Dieu, vieux, ne voulait que leur bien ?

Qui invente la géhenne dans l'Eden ?

[*Paysage*]

Villes sous la jungle

A l'inverse des jardins suspendus de Kyōto, ville ouverte sur le ciel, existe-t-il pire séisme que celui, constant, de Tōkyō, ville-prison d'espace et de bruit ? (A quoi condamne-t-on, entre quatre murs, un détenu ou un pensionnaire ? A la privation de paysage et aux écritures sur la cloison de la geôle : comme nous, enchaînés devant les affiches.) Géante, sans aucune lacune, la clameur des camions et des voitures, des métros, des trains à grande vitesse, des chantiers, grues, excavateurs, sifflets, marteaux-piqueurs... avions, hélicoptères, sirènes, musiques et ventilateurs, l'entassement sans harmonie d'immeubles que l'arrogance des compagnies riches fait bâtir hauts, lourds et enracinés au plus profond du sol, comme si elles voulaient enchaîner les frémissements de la terre, la puanteur des gaz, des résidus et des rejets, les atroces publicités au néon hideux, véhémentement hurlantes de coloris horrifiants dès la nuit venue, la rumeur d'autant plus silencieuse de la foule hébétée de travail et de déplacements interminables, aux visages volontairement inexpressifs de se trouver irrémédiablement plongés, emprisonnés dans un enfer pire que celui de tous les supplices, sans aucune ouverture qu'inaccessiblement lointaine vers la terre brune et verte, ces rumeurs insensées dont la puissance interdit l'ouïe et l'advenue du verbe assourdissent de leur tintamarre et bouchent de leur clôture l'angoisse dont la permanente prégnance attend les prochaines quarante secondes d'un tellurique râle dont l'intensité brutale avalera, jusqu'à Yokohama, cela... si contraire aux paradis sereins où les bouquets de pierres se lèvent de la Terre crevassée, comme si les anciens Japonais en voulaient apaiser les colères subites.

Si tu ne t'écartes au maximum du danger infernal en le conjurant par des paradis exemplaires, tête en avant, plonges-y avec tous, hardiment.

Or, le paradis s'exile des jardins et des parcs impériaux des anciennes cités pour s'ensemencer à loisir dans un espace agraire qui s'amenuise à mesure que la ville moderne envahit l'archipel, comme la Terre entière.

Hautes ou basses, juxtaposées, des collines couronnées de bois vert-noir se posent à même de petites plaines extraplates – ni vallons ni vallées, mais une stricte géométrie de calottes sphériques coupées par des fragments de plans rendus à la rigueur de l'horizontale – dont l'exiguïté porte, comme en les présentant à la pluie, des rectangles exacts de rizières jade aux verts variables, enchâssés dans des pièces de mosaïque sinueuse et bigarrée, ponctués de deux ou trois bâtisses aux toits dont luisent les tuiles, noires ou bleues, et courbés vers le ciel comme ceux des pagodes. Peu de chemins mènent là. Nulle part ailleurs le monde ne montre de lieu retiré avec autant de soins, nul cabinet tranquille de verdure pour l'aise du bien-être et la perfection de la commodité, où, depuis des milliers d'années, la famille de l'agriculteur se chauffe au soleil d'un travail plus tenace et têtu, sans crier, sans se plaindre ni rien demander à personne. De cette île douce parmi les tempêtes, de cette clairière en forêt, de cette finition agricole achevée à chaque échelle, se lèvent les arts de l'agrément dont la béatitude délectable cache et fait oublier que ce coin d'être avoisine la cendre éruptive, que ce doux oreiller s'arrondit sur une crevasse sismique... la proximité de la mort force la vie vers une finesse qui conduit doucement vers la paix d'un instant éternel.

Courbure

Le paysage occidental diffère de l'Extrême-Orient par un simple et doux fragment de courbe qui fait succéder une montée à une plaine, ou dont la fine transition se place ou se cache au voisinage du lieu où une descente s'achève, premier ou dernier lacet.

Nous pouvons nous offrir des vallons et des bosses parce que nous y plantons et semons la vigne ou le blé, qui ne demandent pas de lac, alors que le riz assujettit à la stricte horizontalité de l'eau. Avant de s'attaquer à l'agriculture, le génie civil asiatique doit araser les pentes et aplanir les profils, compenser les remblais et déblais avec exactitude, en les tirant au cordeau ou au niveau à eau ; le mélange de la terre arable à la liquidité soumet tout accident à la loi universelle du plain et de l'uni. Eventuellement plissé, le sol laisse place au plan d'une piscine et le désordre naturel à l'artificielle et laborieuse perfection d'une géométrie.

Ainsi s'en trouvent changés le contact, le voisinage immédiat des montagnes et des plaines, le lieu précis où celles-là rencontrent celles-ci : alors que nous laissons la courbure en question faire la transition entre le plat et la pente, la colline et la vallée, à l'attaque d'une côte vers un col, Chinois, Indonésiens et Japonais font reposer directement les monts en demi-sphères ou cônes sur des champs aplanis avec autant de rigueur que les plans du géomètre. L'intersection brutale et sans courbe des rampes et des plaines étonne l'Occidental sans qu'il s'en rende compte : j'ai mis plus de trente ans à la voir. Contrairement à l'attente, cette simple catastrophe d'une ligne droite qui succède à une oblique parfois ronde donne une paix sereine à l'espace que nos plis tourmentent ou que tordent nos transitions.

En Extrême-Orient, la rizière obligea le cultivateur à se faire ingénieur et géomètre, avant que le Nil n'impose au paysan occidental de réinventer la géométrie, par ses eaux à nouveau. Qui croit le plan abstrait oublie l'horizon aquatique.

Au bord du toit des pagodes, le même fragment de courbe se retrouve. Nous construisons par rectangles et carrés, cubes et parallélépipèdes, sphères et voûtes, parmi un paysage plissé, abondant d'événements accidentels, bosses et vallées. Nos courbes vallonnées de la terre ne passent pas à la pierre. Inversement, l'Asie traditionnelle aime construire plutôt courbe, comme les tuiles des temples, dans un paysage où la géométrie impose des plans, comme si elle retrouvait dans ses bâtisses les éléments éliminés par le riz et l'eau.

Dans les deux cas, l'agriculteur donne à l'architecte ce qu'il a ôté au sol. Ainsi notre paysage se lit dans leurs bâtiments et nos bâtisses disent leur paysage.

Enfer ou paradis

De telles closeries calmes, de plus, furent sûrement et durement conquises sur des vallées incultes, ensemencées partout et dont beaucoup demeurent. Verticales et sauvages, creusées de canyons étroits et sombres, la forêt s'y multiplie de longues lianes où se balancent les singes, entre lesquelles se glissent les bouquetins et les ours. Comment se fait-il qu'un archipel si antiquement dense d'hommes et de femmes ait résolu de laisser à l'abandon d'aussi larges espaces vierges, d'aussi nombreux massifs de jungles aussi primitives ? Ces gorges profondes empêchent-elles toute conquête par le travail agricole, les coulées de boue interdisent-elles de construire, je n'arrive pas à le croire, puisque tant de paradis subtils de riz et de tuiles vernies en naquirent ?

Comment un peuple aussi courageux et travailleur peut-il laisser libre tant d'espace alors qu'il étouffe partout ailleurs ? Lui manqua-t-il de premiers ermites héroïques, plongés nus, directement, dans la primitive jungle ? Ou bien ces enfers sauvages marquent-ils les tombeaux des anciens paradis agraires ravagés un jour par quelque secousse sismique ? Des cités historiques gisent-elles sous ce taillis, comme, dans les villes, la géographie disparaît sous l'histoire ?

Comment se fait-il encore qu'un peuple aussi fin et cultivé, qui a su depuis aussi longtemps conquérir sur cette jungle, enfer vert aussi proche, partout dense, répandu et menaçant, des paradis aussi sereins que ces vallons d'éternité agraire suspendue, ait pu, un jour fatal d'égarement et de colère, tolérer l'inondation soudaine de la laideur industrielle, des hurlements aveuglants de la publicité, de la vulgarité des affiches et de la sottise des villes infernales à l'occidentale ?

Il a cru qu'il subissait un tremblement de terre d'un genre nouveau dont l'intensité mortelle allait cesser soudain, comme d'habitude. Pour s'en prémunir et le conjurer, il a plongé sans hésiter dans ce tohu-bohu, comme il a toujours su pénétrer sans frémir, en croyant même y améliorer la santé de son corps, dans le four des bains d'eaux brûlantes, sous la douche des boues sulfureuses directement issues des fentes de la montagne, dans les bacs bouillants à la chaleur infernale, bouches d'ombre, trous sombres dont le désordre et le chaos pénètrent, au voisinage des crevasses, à même le ménage ordonné, raffiné, des riokans paradisiaques.

De quel paradis goûtes-tu le bonheur, mon ami, d'avoir ainsi plongé, si vivant et si intelligent, sous les décombres fumants ?

Vois-tu, maintenant, comme moi, ces vasques et ces flaques calmes, devant les pins austères et raides aux bras inégalement tendus, parmi l'horizon dressé en bouquet raffiné, où des ombres glissent et s'inclinent quelquefois ? Vois-tu cette solennelle magnificence descendre, dont la soirée de fin d'été, humide et sombre, s'illumine, paisible, et dont ma poitrine anonyme se dilate aux dimensions immenses du silence, pour la dilection de ma compagne solitude ?

Vois-tu, comme je le vois, le nouveau jardin d'Hiroshima ?

Forêt

[RÉCIT]

Les deux amazones

Dure, brune, haute, droite de dorsale et de morale, Charlotte règne sur la clairière de la plantation d'hévéas, au milieu du Cambodge, comme une tigresse dans la jungle ou la mère douce du jardin ; elle dit l'emploi du temps, règle les invitations, donne le ton de l'habillement et chacun, redoutant les menaces de la guerre, imite sans faute sa conduite ; nul ne conteste son ascendant ni le charme de son allure.

D'où vient cette autorité incontestée ?

Les ingénieurs, les saigneurs, les coolies, tous se souviennent du matin où le détachement de l'armée régulière passa. Il troublait ses habitudes, rythmées lentement par le travail et l'arrivée de la mousson. Naturellement, le colonel Dutronc prit une chambre et ses repas dans la meilleure maison, au centre directeur de l'exploitation. De là, ce petit homme en bottes et culottes de cheval envoyait ses ordres et recevait les télégrammes de campagne, une badine souple toujours en main.

Mais il ne resta pas longtemps chez Charlotte.

Le déjeuner s'achève, le boy passe les liqueurs, et les invités s'assoupissent un peu dans l'écrasante chaleur du milieu du jour, quand l'ordonnance du colonel entre et, au garde-à-vous, lui signale, en bredouillant, que les cris du caporal Martinet inquiètent les hommes. Cassant, l'officier le renvoie.

– Ne me dérangez pas pour de telles broutilles, ajoute-t-il, irrité. S'il fallait s'occuper de la santé des punis ! s'exclame-t-il, souriant, tout en se retournant vers Charlotte, qui, de ses sourcils levés, le questionne.

– Il s'agit, répond-il, d'un caractériel qui proteste sans cesse et nous casse les pieds.

– Ce Martinet ?

– Il m'emmerde et déglingue le moral de la troupe.

– Mais pourquoi crie-t-il ? redemande Charlotte.

– Je viens de le punir, répond le colonel.

– Comment ?

– Au caisson.

– Quel caisson ?

– Je vous invite à le voir, si vous voulez vous payer le spectacle.

Le cigare en main, les invités descendent la véranda, traversent le jardin, franchissent la grille basse et rejoignent le campement de la troupe, à quelques centaines de mètres, non loin de la lisière. Là, au beau milieu des tentes, dans un rond d'herbes, en plein soleil, une boîte métallique d'environ un mètre cinquante de haut, de large et de long reflète les rayons de midi, comme une pierre précieuse ; de cette prison sortent les hurlements d'un homme, rauques comme ceux d'une bête à l'agonie.

Le colonel sourit.

– Lorsqu'il baigne dans la sueur jusqu'au niveau de la ceinture, j'ordonne qu'on le sorte.

Oui, de ce jour-là, Charlotte conquit à jamais la prééminence sur son monde. Raide, blanche, de brusques cernes noirs apparus sous ses yeux devenus jaunes de fureur, elle avance vers le petit officier avec une lenteur surnaturelle, lui arrache des mains sa cravache, la lève plus lentement encore vers le ciel – dans le silence stupéfait de la troupe, elle ressemble tout à coup à la statue étincelante d'une déesse tutélaire et vengeresse –, et l'abat d'un coup, inouï de violence, sur la figure de celui qu'après cette circonstance l'on n'appellera plus que le Balafré – mais qui se vantera, plus tard, d'une blessure de guerre.

Elle dit :

– Vous délivrez immédiatement cet homme, vous détruisez cet objet nazi et déguerpissez aussitôt de ma vue.

Immobile, ivre d'ire, elle attend qu'il obéisse.

Tremblants, les soldats délivrent à grand-peine le caporal plié, paralysé, à demi évanoui, étouffé, agonisant, et, sur un signe du colonel, couvert de sang et titubant, le détachement va camper dans les bois. Nul ne le revit jamais.

Charlotte resta silencieuse et prostrée pendant les trois jours qui suivirent l'événement. Le samedi suivant, invitée à dîner chez un contremaître, son hôte osa lui demander, passé les hors-d'œuvre, où elle avait trouvé cette énergie justicière.

« En 1870, dans la forêt des Ardennes. Je n'étais pas née. Ma grand-mère Lise y occupait, dans une clairière, comme ici, une maison de maître, avec ses gens et seule bien sûr, puisque son mari et ses enfants combattaient dans l'armée contre les Prussiens. On la disait d'une beauté souveraine. Un jour d'hiver, le canon tonne, s'approche et, à la nuit tombée, le valet frappe à la porte et annonce qu'un officier veut la voir. “Faites entrer”, dit-elle ; assise, elle faisait de la dentelle dans son salon.

« Elle pensait qu'allait sortir de la forêt un pantalon de garance ; horreur, apparut un casque à pointe. Pas un muscle de sa face ne bougea. Parfait gentilhomme, l'officier prussien s'inclina et, dans un français distingué, requit le gîte et le couvert, sans qu'aucune allusion de sa part pût laisser à penser qu'il venait en vainqueur.

« Ma grand-mère supporta l'envahisseur six jours.

Il prenait le cognac tous les soirs longuement avec elle et ils s'entretenaient, comme si de rien n'était, de Kant et de Bizet, de Diderot et de Brahms, mais parfois, aussi, de l'édit de Nantes dont la révocation peupla de Français frères Berlin et sa banlieue.

« Les uhlans étaient arrivés un mardi ; de la maison, ils sortirent le dimanche. Je n'ai su l'histoire que par le valet. Après son service, il dînait dans la cuisine, à la bougie, sous la nuit close, puisque dix heures venaient de sonner, quand la clochette du grand salon s'agita. Il monta l'étage quatre à quatre, ouvrit la porte, et s'apprêtait à dire : "Madame...", lorsque, bouche bée, il vit l'officier prussien étalé de tout son long aux pieds de ma grand-mère, elle-même debout, raide, blanche, de vilains cernes noirs autour de ses yeux fulgurants, et tenant à la main la paire de pincettes du foyer dont les tiges vibraient encore. "Gaston, dit-elle, voulez-vous bien m'enlever *ça*." Voilà comment j'appris qu'on ne tente pas impunément de violer corps ou âme des femmes de ma famille. Jamais Lise ne souffrit de représailles. »

Le repas se termina gaiement : on se sentait protégé.

[*Paysage*]

Lisière

– Non, non, il n'y a pas de lisière.

– Et le bord ? Et la limite ? Que diable, la forêt commence et finit bien quelque part !

– Non, tu parles d'une frontière que des douaniers surveillent... Quelquefois, celle des bois ne se voit pas.

– Allons, tu plaisantes. Elle découpe au couteau la plaine et les vallées brésiliennes... comme sur la carte. A gauche les arbres et à droite les cultures, oui, oui, sans erreur possible. Tout y change : essences, espèces, plantes, bêtes, couleurs, bruits et odeurs. Il faut bien passer par ce sas.

– Fais l'expérience.

– Mais j'y suis passé cent fois ! Comme toi, et souvent avec toi.

– Pas comme mon copain qui a failli en mourir.

– Et nous ? Ne sommes-nous pas en train de courir le même risque ?

Egarés au milieu des troncs couchés en travers de leurs pas et des lianes pendantes, Marcello et Damien, sous la pluie, ne retrouvent pas la Land Rover laissée au bout de la piste quand ils décidèrent de suivre jusqu'à son campement une jeune Indienne, Elvire, qui s'était étonnée d'une étrange variété de guêpe dans une souche d'hévéa. Guidés par elle, ils reviennent avec elle, bouleversés de ce qu'ils ont vu dans la clairière où la tribu survit : nudité, famine, maladies, quel dénuement !

Amis depuis longtemps, le Brésilien et le Français, biologistes spécialistes de la canopée, n'en finissent pas de s'étonner qu'on puisse faire de ces misérables des objets d'étude : les aider dans leur agriculture fruste, leur apporter vivres ou médicaments, oui, mais s'approprier leur culture pour écrire des livres exige un mépris de glace. Coupé lui-même de sang indien, Marcello enrage pour ceux qu'il considère toujours comme les siens, de même que Damien s'irrite quand il évoque les études sur les paysans pyrénéens, ses parents proches. L'intimité de leur vie traîne, statufiée, dans des traités ou des musées : ni les guerres ni les crises économiques n'assassinent plus férocement que cette objectivité de fer qui pèse sur les plus faibles. Quand donc les chercheurs accepteront-ils l'égalité avec les autres ou au moins la réciprocité ? A-t-on jamais vu un parti de bergers descendre des montagnes pour décrire les mœurs des savants ? Tous deux voudraient rédiger un manifeste sur le droit des hommes et des peuples à refuser d'être étudiés.

Elvire hésite ; la nuit s'abat vite sous ces latitudes. Indifférents au danger dans le sous-bois humide, sonore et gluant – combien de fois s'embourbèrent-ils dans des paysages de ce genre, combien de nuits passèrent-ils au sommet des frondaisons ? –, les deux amis spéculent, sans inquiétude, comme dans le silence de leur bureau, sur l'existence et la nature de la lisière.

– Je t'assure qu'on ne la voit pas.

– Allons donc !

Marcello, toujours disert, s'arrête, allume une cigarette, pendant qu'Elvire, pressée par le crépuscule, tourne pour s'orienter.

*

– J'ai vécu naguère au nord de l'Argentine, commence Marcello, dans le coin qu'elle forme avec le Paraguay, dans une hacienda, non loin d'une forêt du même genre. J'y travaillais à parfaire mes connaissances pratiques en agronomie tropicale. Survint là Federico, botaniste comme moi, athlète colossal, risque-tout et casse-cou, au rire communicatif, les pommettes saillantes et les oreilles décollées. Au moins autant que les plantes, notre âge nous rapprocha. Quel chahut !

« Deux semaines après son arrivée, laissant le travail, qu'il aimait peu, il décide, un beau matin, de partir en expédition, non, plutôt en promenade autour de la ferme, à pied, seul. Il ne connaît pas les alentours et veut les reconnaître. Nos conseils de prudence, il les approuve en riant, mais visiblement s'en moque. On lui donne un talkie-walkie. "Si tu te perds, lui dit-on, appelle, on partira te chercher. – Venez me tenir la main !"

« Il part, nous n'y pensons plus.

« L'aventure faillit s'achever tragiquement. Autour de midi, le récepteur sonne : "Je suis perdu au milieu des arbres", dit Federico, et sous son rire de surface perce un début d'inquiétude ; nous lui répondons d'avancer de sorte qu'augmente la sonorité du téléphone, signe qu'il tire dans la bonne direction, vers la ferme. Hélas, au contraire, à mesure d'appels, il s'éloigne irréversiblement, jusqu'à ce que nous perdions tout contact. Nous organisons les recherches ; elles durent cinq jours. En vain.

« Tristement, nous le considérions déjà comme perdu et mort – la forêt ne pardonne pas, surtout à un débutant –, lorsqu'un matin, un ami indien de la tribu voisine le rapporte sur les épaules, agonisant. Il vient de le trouver, assez près de la lisière, couché en travers d'un marigot, évanoui.

« Sauvé de justesse, Federico reprend son aventure au début : "... j'appelle, en effet, puis je me dirige comme vous me conseillez ; or, plus il me semble aller dans le bon sens, plus le son de l'appareil s'étiole ; alors, je me tourne... même résultat ; retourne donc mais, quelque direction que j'emprunte, les voix s'affaiblissent jusqu'à extinction. Je m'enfonce sous l'énorme voûte sombre et par le tissu inextricable de la flore, vive ou morte mais inexorable, à travers une multitude qui monte comme la mer... terrifiant... insectes en nuages vibrants, oiseaux colorés jacassants, gigantesques araignées, quadrupèdes qui s'éclipsent sans aucun bruit comme des ombres, serpents de toutes tailles, noirs ou aux éclats redoutables... toutes bêtes qui chassent inlassablement... bruits incessants, cris, bris de branches, frôlements, feulements... la clameur de cette jungle ressemble au bruit de fond des grandes villes, Buenos Aires ou São Paulo... je veux dire : les lieux les plus dangereux... assoiffé, je n'ai pas emporté d'eau... et que boire, puisqu'on m'a dit les marigots empoisonnés... l'angoisse me prend... que manger ?... sur le soir, où dormir en sécurité ?... à même le sol en compagnie des reptiles, ou dans les arbres, en concurrence avec les singes et les guêpes ?... Et si l'Indien ne m'avait pas retrouvé" ? répète-t-il, oppressé.

« Revivant sa terreur, il explique : "... paysage insensé ! Hors chemin, je perds la posture debout, sans sol ni ciel, horizon ni franche verticale, tant les détritus, par millions de troncs pourris et de cadavres chus, recouvrent une épaisseur molle ou pendent aux arbres ; j'enfonce jusqu'au torse dans des fondrières craquantes, m'englue dans des liens velus, tombe, glisse, succombe au vertige ; aveugle, je ne vois ni le jour sous le taillis noir, ni de direction assignable par la foule complexe des tiges, mousses et branches où se nouent les réseaux de lianes ; assourdi, je n'entends que sifflements, déflagrations, tohu-bohu ; ivre d'odeurs violentes et fades, répugnantes à vomir...

avez-vous ressenti l'horreur, cette réaction virulente de toute la peau, plus exaspérée encore que la chair de poule, et dont l'amertume et l'acidité refusent tout son environnement ?... Décapant de ses sens un corps non ensauvagé, ce paysage le force à perdre connaissance. J'ai succombé à la peur. Et si l'Indien ne m'avait pas vu ?"

« Il se tait, frissonne encore, puis se calme lentement : "Pendant le temps bref où je gardai la tête froide, je songeai au général anglais dont j'ai oublié le nom, qui, pendant la dernière guerre mondiale, eut l'intuition géniale d'envoyer au combat contre les Japonais, dans la jungle du Siam, non plus des troupes d'élite, composées de grands et de costauds surentraînés, battus à plate couture parce qu'ils mouraient par corps d'armée entiers, mais des soldats de santé débile, donc rompus, dans leur vie de tous les jours, à lutter, de tout leur organisme, contre un monde difficile... et, avec eux, il l'emporta. Oui, je périssais aussi de la force qui donne à mon corps l'habitude quotidienne et inconsciente de gagner. Ainsi ai-je appris que les misérables du tiers-monde écraseront les riches, amollis comme des larves, quand sonnera la révolution mondiale. Et si votre ami m'avait manqué ?"

« Comme font tous ceux qui se tirèrent *in extremis* d'un danger mortel, il le racontait interminablement, sans doute pour conjurer ses tremblements. L'enfer dura le temps de sa conscience : "... combien de jours, je ne sais plus ; je ne me souviens que des heures d'attente, la nuit... jusqu'à ce que l'évanouissement me sauve ou me tue... et que l'ami indien, passant miraculeusement par là, me recueille."

« Federico le répète encore : "Sorti de la maison, appareil en main, je n'ai pas d'autre objectif que le tour du propriétaire ; je m'avance en vue de la forêt" ; il dit bien : "En vue", et le redit sans cesse : "Non, non, je jure que je n'y entre pas. Or, tout à coup, je me trouve en plein bois ! Non, je ne vois pas la lisière, non, je ne traverse aucune limite, je ne passe aucun bord, je ne franchis aucune frontière ; oui, je suis vos conseils : avec prudence, je reste dehors, et pourtant, tout à coup, me voilà dedans ! Et aussitôt, en moins de vingt secondes, je ne sais d'où je viens ni où je vais... je perds l'orientation... Marcello, que m'est-il arrivé ? Quel tour de passe-passe ! Sans avoir franchi de porte, aller d'un extérieur à un intérieur ! Sans aucune transition ! Pas de marques dans ces paysages ! Et si l'Indien ne m'avait pas vu ? Oui, je passe de la vie à l'agonie à travers une barrière invisible... comme la rencontre d'un microbe ou d'un amour. Connaissons-nous de même : en pénétrant dans un nouveau monde par un insensible sas ? Mourons-nous ainsi sans savoir que l'on saute ? Et si votre ami indien ne m'avait pas trouvé ?"

« Après avoir touché, dans un autre monde, l'extrême limite de la vie, il s'étonnait encore de l'inexistence d'une lisière. »

*

– Se perdre en forêt, quoi de plus banal – et Marcello esquisse un geste devant lui pour montrer à Damien qu'eux-mêmes... –, mais tomber, sans le voir, dans le piège de cette limite inexistante, voilà l'infiniment délicate poisse dont il faut apprendre à se méfier.

– Bavard ! Regarde donc où tu mets les pieds !

Les deux intarissables papoteurs n'ont pas vu Elvire s'approcher. Ils repartent. Elle les conduit sans qu'ils s'en rendent compte.

– Les bords, Damien, toujours les franges... par exemple, notre canopée... pense aux marges, aux zones étranges d'échange...

– Mais tais-toi donc ! Ne vois-tu pas un morceau d'acier briller ?

– Non... ainsi les peaux, les membranes, marches et margelles, abords, accès, parvis, seuils... ceux de la mort et de l'amour...

– Arrête, Marcello ! La Land Rover !

– Pense au transfert subit vers les trouvailles inattendues, Damien...

En retrouvant la voiture malgré la nuit close, tous deux éclatent de rire. Continuant à penser, l'un parle éperdument, l'autre démarre ; ils roulent sur un bout de piste, puis s'enlisent dans la boue gluante et lourde que forme la pluie avec la terre rouge.

– Arrête donc de causer. Le vois-tu, maintenant, le bord entre nos roues et cette poix adhésive ?

Les quatre roues motrices dérapent et s'immobilisent. Il faut tenter autre chose, sinon le bivouac... A la lumière des phares, Elvire taille, sans mot dire, un arbuste, à la machette, et engage ce long levier sous le pont arrière. Marcello conduit, Damien pousse au cul et, en pesant au bout du bras de la branche, Elvire réussit à décoller de leur prison visqueuse les pneus ; ils se tirent de la fondrière et repartent tous les trois, rigolards et chantant leur triomphe.

Et c'est ainsi que Marcello entra dans la vie d'Elvire, l'intelligente Indienne aux yeux pers.

Bêtes

[R É C I T]

Tarzan

– Moi, isolé ? Jamais de la vie ! Le monde entier se donne ici rendez-vous.

Depuis que les gemmeurs ne saignent plus les pins pour que la résine s'écoule dans un pot attaché au tronc au-dessous de la blessure et ne traversent plus régulièrement la forêt des Landes, celle-ci, envahie de taillis inflammables, s'endort dans la solitude et le silence. Les longues routes droites qui la trouent comme des coups de fusil bordent des zones désertes. Au milieu d'un massif que l'on jurerait abandonné, dans une maison basse dont il occupe l'unique pièce, François Lacroix passe ses dernières années à contempler fougères et cerfs. Que fait-il là ? Il ne chasse même pas.

– Isolé ? Laissez-moi rire ! Je corresponds avec des amis forestiers de Colombie-Britannique, de Sibérie, de Malaisie, du Zaïre, de l'Amazonie... Lorsque l'un d'entre eux veut me montrer quelque chose de notable, il m'invite, je fais une coupe de bois et le prix de vente paie l'avion. Non, monsieur Pierre, je verrais plutôt trop de monde. Car ils viennent, aussi, un à un, visiter les merveilles autour de mes pins.

A force de tourner par les chemins de terre et les saignées contre-feux, Pierre Darricaud a fini par découvrir l'antre de François. Il lui demande s'il veut bien travailler, sous sa direction, à un nouveau chantier au Viêt-nam. Hanoi vient de décider de remettre en production les plantations d'hévéas. La guerre finie, les questions politiques apurées, il faut bien produire. L'autre hoche la tête.

A une question, plus indiscrète, de son patron et ami :

– Marié, répond-il, voyons, je le suis... mais avec Sylvie !

Pierre comprend qu'il s'agit du nom de la forêt. Il laisse François dans le silence de l'hiver.

L'après-midi même de cette visite, il prend le train à Bordeaux, pour assister, à Paris, au Muséum d'histoire naturelle, à un colloque sur la flore équatoriale d'Afrique. Deux collègues, dont les prétentions théoriques l'énervent, l'attendent à la gare d'Austerlitz. Ils l'invitent à dîner.

*

– Tarzan ? Mais je le connais bien, ce Tarzan !

– Se balance-t-il en petit pagne, le long des lianes, en criant et en se frappant la poitrine ?

– Et la belle Jane ?

– Pffft !... Dérisoire... Celui avec lequel je travaille ne fait pas de cinéma. Quand le Gabon décida, voici vingt ans, le défrichage d'une partie de sa forêt pluviale pour planter des hévéas, son gouvernement me chargea d'exécuter ce programme. J'y partis avec Tarzan.

– Hou ! Houou !

Spécialiste mondialement reconnu du caoutchouc naturel, Pierre Darricaud, ingénieur agronome et homme de terrain, ne raconte pourtant pas volontiers ses souvenirs exotiques. Mais, devant des savants de laboratoire, il ne peut s'empêcher de vanter la pratique.

– Pitié ! Si on l'appelle Tarzan, c'est qu'il le mérite, nom d'un chien ! Laissez-moi respirer, pour vous raconter. D'Indonésie donc, où je finissais alors un travail sur des bois précieux, un télégramme d'Afrique me parvint pour me proposer le chantier. J'acceptai aussitôt, mais à la condition d'emmener avec moi, justement, mon assistant François Lacroix, avec lequel j'avais écumé cent massifs boisés du globe. Je viens de le relancer dans son antre, ce matin même, pour un autre projet, au Viêt-nam. Oui, j'ai confiance dans ce forestier, solitaire et silencieux, retiré, depuis des années, en plein cœur des Landes, et dont on disait alors, sans qu'il le démente, qu'il avait, dès sa jeunesse, quitté la métropole à la suite d'un pénible désespoir d'amour.

– Pfuit ! Plus de Jane !

– Lâchez-moi une minute ! On ne lui connaît ni ennemi ni proche ; il dort peu, ne boit ni ne fume ; prudent et courbé, il traîne sa haute silhouette maigre et dégingandée dans les clairières du monde entier. De plus, il a pris l'étrange habitude d'habiter sur place, sur les chantiers mêmes où il dirige hommes et machines. Devenu sauvage – une sorte d'homme des bois –, il a conquis une pratique, une expertise, oui, exceptionnelles, des essences, de la faune et de la flore de la forêt vierge, le long de toutes les longitudes. Sans l'exploiter, il paraît garder ce savoir au secret ; combien de fois lui ai-je dit de publier ses observations ? Nous y apprendrions tous mille choses ; mais il me répond qu'il ne sait pas écrire. Lorsque, donc, j'ai besoin d'une information que l'on ne trouve pas dans les livres, je la demande à François qui manque rarement de me répondre avec précision. Jamais de baratin théorique : des faits, rien que des faits. Certains, précisément, l'appellent Tarzan.

– Vit-il torse nu ?

– Voilà Jane revenue !

– La paix ! Quinze mois après la décision, nous voilà donc à pied d'œuvre pour attaquer les travaux qui doivent durer cinq ans, avec plus de sept cents ouvriers, une masse impressionnante de matériel et des bureaux volants ; en collaboration avec deux ingénieurs gabonais, François commande sur place et, sous les instructions du ministère compétent, je dirige le bureau central, au bout de la route, à Libreville. Nous décidons de nous rencontrer toutes les semaines dans cette clairière mobile qui se déplace à mesure que le défrichage avance. Il abat les arbres de la forêt vierge et, derrière lui, j'organise le reboisement en hévéas. Il m'arrive donc de rester longtemps sur place. Contigu aux deux premiers, un troisième chantier construit la route, à mesure d'avancée.

« Pour ne pas rompre avec ses usages, en bordure des espaces ainsi défrichés, François a bâti une sorte de hutte transportable où il installe un lit de camp, un réchaud, quelques livres, deux lampes, rien que de très franciscain. Au bout de quelques semaines, nul ne s'étonne plus que ce contremaître singulier ne quitte jamais ni le chantier ni le sous-bois et, dans cet environnement difficile, dorme seul la nuit. Car, le soir, les ouvriers rangent les bulldozers et les tronçonneuses sous une tente immense qui les protège de la pluie et partent, en camions, dormir dans un village aux confins de la lisière.

« L'aventure débute, elle va son train. Des mois se passent, sans accidents plus notables que les incidents usuels en de telles entreprises : la pluie, la boue, les vivres qui arrivent mal, les malades, les blessés...

« Au début de la seconde année, je comprends que François change ; il ne parle, ne marche ni ne travaille comme avant. Plus voûté que jamais, il lui arrive de tituber, comme s'il allait tomber ; alors, il s'appuie longuement aux chenilles des tracteurs ; il ne se rase plus ; énervé, il oublie les consignes et laisse aller parfois la discipline du travail ; cela ne lui ressemble pas. Pis, de temps à autre, il quitte l'équipe et va errer alentour, au milieu des bois. Il en revient hagard et songeur. Je le connais assez pour ne pas m'inquiéter. Boit-il ? se drogue-t-il ? En tout cas, il se conduit avec une certaine hébétude, comme habité de préoccupations sans rapport avec le chantier, dont il parle de plus en plus mal. Que se passe-t-il ? A-t-il contracté quelque maladie équatoriale ? Interrogé, il feint de ne pas entendre la question. On dirait qu'il plonge dans un autre monde.

« Si, d'autre part, j'arrive de bon matin, je le trouve dispos et aussi présent que jadis et naguère, mais si, à l'inverse, je viens l'après-midi, je ne peux lui parler tant cette tension d'absence l'empêche de faire attention. Il paraît attendre impatiemment l'heure où le travail s'arrête. Que se passe-t-il donc, le soir, quand le dernier camion, en faisant taire le tonnerre des machines, rend à la virginité des lieux ses bruits terrifiants et perpétuels ?

– J'eus envie de savoir, ajoute Pierre, après un arrêt.

– Il me semble que nous allons l'apprendre aussi, dit l'un des naturalistes, toujours ironique.

– Ne vous moquez pas. J'ai assisté à un spectacle inoubliable, déclare Pierre.

– Je sens que nous allons y assister en second.

– Oui, que vous le vouliez ou non ; j'en ai trop dit, maintenant, je dois finir. Décidé d'en avoir le cœur net, je fais semblant, un beau soir, à la débauche, de quitter les lieux et me cache au milieu du matériel, dans la tente. Après tout, si je fais chou blanc, j'en serai quitte pour une nuit sauvage.

– De quoi le soupçonniez-vous donc ?

– De rien, précisément ; de tout, vaguement. Au fond, j'avais plus de curiosité que je ne voulais exercer de surveillance : je connaissais trop bien mon François pour ne pas deviner qu'une chose étrange se tramait là.

– Vol ? amours ?

– Mieux que cela, mes amis, bien mieux que tous ces drames qui font la trame des récits usuels.

– Meurtre ?

– Non, quoi de plus banal qu'un assassinat : regardez donc la télévision... Mais j'ai mis moi-même plusieurs mois à observer enfin et à comprendre. Ah ! J'en ai passé des nuits sous la tente !

« Voici. Le premier soir, au coucher du soleil, je vois François se retirer dans le coin ouest de la clairière temporaire formée par le défrichage et s'y tenir absolument immobile. Raide, les yeux étincelants, il regarde intensément dans la direction de l'est. De la tente où je l'observe, je ne peux voir ce qu'il regarde. Mais ses yeux lancent des éclairs qui se mêlent, parallèles, aux rayons du crépuscule.

– Génial ! Quelle poésie !

– Il faut attendre le soir du lendemain. Même manège, même position. Je pratique non plus un trou, mais deux, dans la toile épaisse de la tente aux machines. Alors, je vois, en face, côté est, un énorme gorille, un mâle monstrueux d'au moins quatre cents kilos, regarder François, face au soleil, avec autant d'intensité immobile que mon ami le contemple. Cela dure cinq minutes. Au bout de ce laps de temps, la bête se retire et j'entends François se coucher.

« Piqué, je reste les nuits suivantes. Fidèle au rendez-vous, le gorille revient tous les soirs, exactement à la même heure, quand les ouvriers quittent la clairière mobile. Et tous les soirs, à cinquante mètres de distance, dans la gloire du couchant, ils demeurent ainsi, à se regarder l'un l'autre, comme des statues fascinées, de plus en plus longtemps. A un moment, le rendez-vous, la rencontre, dure presque une heure.

– Mais comment François ne vous a-t-il pas vu ?

– Je vous le dirai tout à l'heure.

– Et comment se comportait-il, au travail ?

– Toujours comme un homme ivre ou drogué ; c'est cette absence qui m'a, au début, inquiété.

« Quatre mois se passent : je vais, je reviens, je manque bien des soirs, mais, à chaque retour, j'observe toujours. Je note que les regards, progressivement, changent d'intention et de nature. Agressifs, au début, méfiants, coléreux même, ou, du moins, volontaires, ils deviennent de plus en plus amènes. Cela va vers la douceur. Et François, à la fin, sourit. Mais il ne bouge toujours pas. Un soir, pourtant, il fait un petit geste de la main. Alors, le gorille, comme épouvanté, détale.

– Raté ?

– Oui, car ils reprennent le scénario complet à partir du commencement, comme si tout s'était effacé. Cinq minutes immobiles, puis sept, et dix et quinze, etc. Il faut plusieurs essais avant que la bête supporte un seul geste.

– S'avancèrent-ils l'un vers l'autre ?

– Oui, cela prit des semaines supplémentaires ; mais, jamais ils ne se rapprochèrent de moins de dix mètres.

– Distance respectueuse...

– La vie entière de François se résume dans cette observance de l'écart. Mais attendez le plus beau. Pendant une semaine, François reçoit la visite d'une sienne cousine, qu'il héberge dans sa tanière ; issue des Landes comme lui et sans doute rompue à la vie en forêt, elle semble s'adapter à ces conditions nouvelles avec naturel et aise. Or donc, au cours de ces huit ou dix jours, mon ami se place en face de la bête en compagnie de cette femme, qui témoigne d'un beau calme au cours de l'expérience ; je la vois même sourire avec enchantement. Au milieu de son séjour, elle a, de plus, l'idée – vive les femmes ! – d'apporter un grand panier de fruits qu'elle dépose à terre en quittant les lieux. Resté seul, le grand singe avance avec lenteur, regarde prudemment autour de lui, dévore une partie du dépôt et emporte le reste. Avant de repartir, la cousine recommence le manège et le gorille aussi bien.

– Nous autres hommes n'avons, en effet, aucun sens des cadeaux. Oui, vive les femmes !

– Et donc, un beau soir, je m'en souviendrai longtemps, le gorille arrive, toujours dans le même coin, toujours à dix ou quinze mètres, toujours aussi cérémonieux, hiératique et rituel – voilà l'impression, maintenant, que me donne sa raideur –, mais accompagné d'une autre bête. Je la regarde : mon Dieu, une femelle ! Sa femelle ? Ne me croyez pas si vous le voulez, mais, tonnerre de tonnerre, j'ai vraiment vu, oui de mes yeux vu, qu'il la présentait à François !

– Je ne vous crois pas ; vous avez cru voir, voilà tout ! Ils ne faisaient pas visite à la marquise. Joli salon !

– D'autant que l'autre marquise venait de rentrer en France. Et pourtant ! Plus délurée, peut-être, la femelle fait alors comme un pas en avant, dans la direction de François. Elle paraît prendre autant d'initiatives qu'en prit la cousine. Aussitôt, le mâle la saisit par le pelage du dos, violemment, et l'entraîne sous le couvert.

– Il faut recommencer de zéro, encore ?

– Pourquoi tant d'impatience, messieurs les théoriques ? J'admire, au contraire, l'endurance, la constance, l'intense persévérance de François...

– ... amoureux éconduit...

– Ne riez pas, cruels. Seuls les expulsés voient l'invisible. Oui, encore un mois de tractations silencieuses et lentes, encore des jours de rites raides, aux limites du sacré, mais à deux maintenant.

– Jusqu'où, mon cher, nous ferez-vous marcher ?

– Jusqu'à la fin, messieurs, jusqu'à l'extraordinaire. Car, un beau soir, la guenon esquisse un geste des épaules et du tronc, avec un mouvement tournant des membres du haut, comme pour une invite à la suivre. Visiblement le mâle accorde son aval. Surprise, quel courage, François les accompagne, sans crainte apparente ; il reste, en marchant, impassible. Les voilà partis tous trois, à la queue leu leu, lentement, femelle en tête, *sapiens* au milieu, enfin le mâle en arrière-garde, comme en couverture, sous l'ombre du bois, l'homme plus haut que les deux autres, mais tellement maigre et frêle, dans les lianes, les plantes et les branches inextricables et par le bruit de fond accablant.

– Et alors ? Que fîtes-vous ?

– Je suivis leur procession, le long de leurs brisées, à longue distance et sous le vent, pour ne pas les gêner. Terrifié.

– Et alors ? Que vîtes-vous ?

– Cette chose stupéfiante : à un mille et demi de là ou à peu près, sur une souche morte d'arbre renversé, se trouvent disposés des bananes, des mangues, d'autres fruits encore que je ne distingue pas, sur d'énormes bouquets de feuilles vertes, oui, le dîner ! Cela ressemble à un autel plutôt qu'à une table. Oui, les deux gorilles invitent François à manger avec eux. Et *chez* eux ! En remerciement des corbeilles de la cousine ? Le forestier s'incline, s'assied, dîne, raide, la femelle dans le dos et le mâle devant...

« Quelle immobilité, soudain, parmi les allées, venues et courses de la jungle ! Quel silence, suspendu, dans les criailleries étourdissantes du bois ! Quel spectacle, blanc et noir, parmi la verdure des frondaisons et dans le jaune du soleil qui plonge verticalement sous l'horizon ! Quel intérieur, comme découpé dans le dehors ! Quel nœud dans l'arbre aux espèces ! Quel tableau, non, quel tabernacle, quel commencement de toutes choses !

– Je ne vous croirai jamais.

– A votre aise.

– Et alors ?

– Quand il retourne à la clairière, comme soulagé, François vient me trouver sous la tente où je m'apprête à me coucher, pour me remercier de l'avoir accompagné – il m'avait vu le voir dès les premiers soirs –, car il ne refusait pas d'avoir un témoin de cette aventure. Et pendant qu'il me parle, j'admire, sur son visage, comme une certitude, ou, plutôt, cette lumière que vous avez remarquée, parfois, dans les yeux de ceux qui viennent d'inventer.

« "Peut-être avais-je besoin d'une assistance éventuelle, aussi bien", ajoute-t-il. "Etiez-vous armé ? Moi pas." Et, rêveur : "Je les aime, vous savez. Toutes les bêtes que nous préjugeons cruelles et sauvages montrent plus de mansuétude que nous. Plus fortes et fragiles que nous... Le temps, chez elles, remplace le langage : lenteur et patience leur servent de vocabulaire et de syntaxe. J'aime surtout leur infiniment subtile sensibilité, à la moindre alerte éperdue : à quel point ont-ils dû souffrir pour devenir ainsi écorchés, vulnérables et délicats ? Costauds, puissants, formidables, résistants à des conditions de vie à la limite invivables, terribles même parfois, invincibles devant le danger ou l'agression, et, pourtant, d'une émotion exquise de timidité. Qui, parmi nous, formerait ainsi son âme et son corps, ne deviendrait-il pas le meilleur des hommes ? Euh... n'avez-vous pas trouvé la femelle assez belle ?"

« Alors, il me sembla comprendre pourquoi et comment François vit, depuis si longtemps, dans un autre monde que le nôtre. »

Pierre s'arrête. Les deux autres se moquent, discutent, citent des cas, les critiquent, expliquent l'échange et le don :

– François était-il otage ou invité ?

– Les bêtes sacrifiaient-elles au destructeur de leur habitat ?

Et le conteur sourit, en pensant au silence qu'aurait conservé François, devant le banquet des interprétations... et surtout à sa situation entre les deux savants pelant chacun sa banane.

[*Paysage*]

Tentation

Pendant seize ans et par tous les temps, vent froid, brume ou vague de chaleur intense, j'ai marché le long des sentiers à travers les collines qui dominent la baie de San Francisco. Une déchirure de ciel pur y marque un équilibre instable entre la brise humide et glacée du Pacifique et le désert voisin, chaud et sec ; cette fissure bleue fait face, au zénith, à la faille de San Andreas, inconstante sous les pieds. Dans les lointains vagues, les ponts et la ville se devinent.

Le hasard des randonnées soulève, là, coyote et couguar, vols d'oiseaux noirs aux bouts d'ailes rouges, geais bleus, buses et vautours sombres, à l'envergure géante, une tarentule, énorme comme la main, qui se déplace, avec une lente majesté, sur des pattes aussi grosses et poilues que les phalanges des doigts – certains l'entendent marcher, prétendent-ils ! –, et trois espèces de serpents : deux, longues et paisibles, plus le crotale aux écailles en losanges, brillant comme des diamants, dont la queue agite des sonnailles et dont la morsure tue en une minute. A la saison imprudente des amours, où ces bêtes sortent et s'agitent, l'œil, attentif, doit donc diriger le pas : des éclats se cachent sous l'herbage jaune.

Or donc, un après-midi frais et clair de mai, je croisai, rampant par le travers du chemin, un long reptile marron, de deux mètres environ, à dessins rectangulaires, accompagné d'un autre, plus court, noir et scandé d'anneaux blancs. Aussi peu pressé qu'eux, je demeurai longtemps immobile, à les regarder, fasciné, se chauffer au soleil, comme moi, lorsque sortit d'un trou sous la route un troisième serpent, de l'espèce du second, qui, sans plus attendre, et comme pour une épissure ou dans le caducée d'Hermès, autour de celui-ci s'enlaça.

Avant d'avoir contemplé cette merveille, j'employais ce verbe d'étreinte amoureuse pour les femmes et les hommes : je jure de ne plus dire une telle sottise, car, si les serpents s'enlacent, notre squelette, rigide, manque de souplesse pour cet entrelacs. Comme celles des pieuvres qui jouissent de huit bras, et dont nous jalousons les embrassements caressants multiplement ondoyants, leurs amours, en thyrses torsadés, coulèrent, si agiles, si flexibles, élastiques et fluides, que ces malheureuses bêtes, qui diffusent autour d'elles l'horreur que l'on sait, devinrent, sous mon regard, non seulement aimables et tranquillement belles, satisfaites et sereines, mais surtout porteuses d'un secret inaccessible à nos maladresses raidies. Serions-nous inaptes aux mystères de l'amour ?

Aimons-nous comme, sous l'arbre, les reptiles firent au jardin de l'Eden.

Rivages

[RÉCIT]

Une rivière de prix

Sous le soleil de minuit, les cristaux de glace renvoient par l'espace une lueur pâle au chromatisme raffiné. Les deux amis habitent, soudain, dans les replis gaufrés d'une aurore boréale.

Marcel s'exclame :

– Une arche aux diamants... des gemmes diverses dans une marqueterie !

A ses côtés, Valentin admire aussi le glacier en train de vêler ses icebergs, à la pointe extrême de la terre du Nord-Est, par plus de quatre-vingts degrés de latitude, au Spitzberg. Les rayons rasants les entourent de couleurs laiteuses.

– Ne parle pas de joaillerie, dit Valentin, réservé.

– Pourquoi donc ?

– Je vis embroché comme d'autres dorment envoûtés.

– Pardon ?

Précis, méticuleux jusqu'à la maniaquerie, Valentin mérite, en effet, la confiance dont l'honore, depuis vingt ans, M. Henri van Basten, cinquième héritier de la maison Van Basten et Cie, maîtres joailliers, place Vendôme. Comme le prince des Assassins dans la grotte aux merveilles, il règne sur des trésors ; il veille au sertissage, à la mise à jour et au polissage, au montage lent et attentif des colliers, des solitaires rares, des pendentifs, rivières et broches, des bagues ou bracelets.

Fines ou semi-précieuses, il connaît toutes les pierres par leur taille possible, leur poids, leur prix, leurs défauts et leur mystère propre, et, quand il se laisse aller aux sentiments, il confie qu'il ne se lasse pas de lire dans leur âme. Il garde dans les yeux la lumière de ces gemmes et les retrouve sur la banquise.

Le soir venu, il ne laisse à personne d'autre le soin d'abaisser les volets de fer, de cadenasser les coffres, mettre en place les signaux d'alarme, téléphoner aux gardiens de nuit, bref, transformer la boutique en château fort. Il ne part qu'après un long regard de maître sur ces inaccessibles millions, qu'il caresse de l'œil avant de les quitter, à regret. Sa présence et sa réputation dans le milieu donnent à la joaillerie une telle sécurité qu'elle n'a connu ni vol à main armée ni cambriolage d'aucun genre, malgré les tentatives quotidiennes de toutes sortes de malfrats.

Et Marcel :

– Je te plains.

– Embroché, te dis-je ! Harcelé sans cesse, je dois calculer des cuirasses d'autant plus efficaces que les attaques se font de plus en plus sophistiquées !

– Et l'attaque l'emporte toujours sur la défense, n'est-ce pas ? Raconte !

– Aucun intérêt ; un autre jour. Quelle tristesse : les plus belles choses du monde dorment, invisibles, au secret, dans les banques et sous code. Pour qui et pourquoi ? Regarde : ici, au moins, aucune monnaie ne paie ces libres prismes de cristal.

Ils contemplent en silence, longuement, le plus fascinant paysage du monde : sous le ciel écrasant et devant l'horizon plat, les blocs blancs de toutes formes dispersés sur la mer glauque font pleuvoir sur eux le lait des perles et la céramique émaillée des gemmes en reflétant le volume bleu.

Dès qu'ils disposent d'une minute, leur passion commune les entraîne vers le Grand Nord ; ils traversent le Groenland, passent la mer de Baffin ou celle de Barents, débarquent en Nouvelle-Zemble ou aux Aléoutiennes, rendent visite aux Inuits, élèvent des chiens de traîneaux, ont appris les carottages de glaciologie, s'opposent comme ils peuvent aux recherches pétrolières sur les plateaux offshore en mer de Beaufort... ils ont même tenté, à bord d'un brise-glace russe, le passage du nord-est, de la Mandchourie à Mourmansk... bref, ont acquis une expertise de ces territoires désolés, avec, en prime, leur amitié. Mais, quoique inséparables, l'un, chimiste, parle peu de son métier à l'autre, plus secret encore que son partenaire et que ses coffres-forts. Les joyaux du second et les cristaux du premier ont-ils poussé les deux hommes, ivres de ces hautes latitudes, à y retrouver ces émaux mêlés, mauves et bleutés, luxueusement réfractés, champlevés ou cloisonnés comme leur âme ?

Or donc, un beau soir, si l'on peut ainsi nommer le moment qui rapproche le crépuscule de l'aurore, où le soleil s'incline avant de se redresser, dessinant de longues ombres, Marcel demande à son ami de lui raconter la plus belle arnaque de sa profession. Bloqués par un vent sévère, dans un abri en tôle ondulée, ils ont tout le temps de raconter leur vie.

Et Valentin se décide, enfin.

– Un après-midi de vendredi... avant la fin de semaine, nous nous apprêtions à boucler... le patron tenait son chapeau à la main... lorsque entre une vieille ganache, genre colonel anglais des Indes... une moustache blanche avantageuse souligne le monocle qui surplombe les culottes de cheval, la veste écossaise, l'écharpe de chez Hermès assortie de sa pochette... le capitaine Haddock soi-même, enrichi par ses voyages, en retraite à Moulinsart... un rien trop beau... suivi de loin par une jeune amazone, longue blonde molle et pulpeuse, bon chic bon genre, mais à la jupette rouge extra-courte... oui, le type même du couple d'amants unis tendrement par le compte en banque.

« – Choisis !

« Sublime et théâtral, le geste du grison parcourt l'étendue complète des présentoirs.

« – Non, non, chéri...

« Je passe sur les jérémiades reconnaissantes et timorées de la donzelle aux beaux genoux, dont les cils, détaillés au mascara, battent de désir.

« Voilà une partition trop bien, donc trop mal jouée, me dis-je, gaffe à ces filous ! Mais il faut leur proposer notre quincaillerie. Attentifs – oui, vite vu, nous avons affaire à des connaisseurs –, ils traînent à se décider, se font montrer sept merveilles, parmi les plus belles et les plus chères. Cela finit par notre plus riche rivière, d'une finesse parfaite et d'un prix à renverser les magnats les moins avares. Devant le duo, penché, luisent les diamants, tiens, comme la ligne de séracs qui explosait, hier, face au soleil, selon tout le spectre des couleurs. Te souviens-tu ? Et là, je les sens déjà pressés ; mais ils font encore mille mines.

« – Allons, ma chérie, accepte... mon petit cadeau d'amour...

« – Vraiment, tu crois ?...

« L'amazone, en effet, la veut bien, cette rivière.

« Tout commence là, ouvrons l'œil, me dis-je. Nous passons, tous les trois, le colonel pseudo-anglais, le patron et moi, dans le bureau directorial ; le vieux tente de marchander ; nous résistons ; il ne discute pas longtemps, s'assied, signe le chèque, princier, tu le devines, et le pose sur la table. Nous l'examinons, il paraît bel et bon. Notre client se redresse et, soudain, regardant sa montre – de chez Cartier, nous l'avions remarqué :

« – Messieurs, j'y songe tout à coup, six heures vont

sonner. Isabelle, s'écrie-t-il en s'avançant, raide comme un i, vers la porte du bureau qui donne sur la boutique, entre, s'il te plaît, nous devons nous accorder sur un point d'importance.

« En présence de la déesse, il reprend, trop correct et sonore :

« – Six heures ! Vendredi ! Messieurs, vous ne pouvez plus vérifier si mon compte en banque couvre le chèque, puisque les établissements financiers viennent de fermer.

« Nous approuvons. Dans ces cas, le patron et moi nous rapprochons pour discuter, comme si deux corps associés en muraille résistaient mieux aux attaques de la canaille, impressionnée par cette tactique.

« – Je vous propose donc la chose suivante. Je vous laisse le chèque.

« – D'accord.

« – De plus, je vous laisse la rivière.

« – Merci. De fait, nous ne la saurons acquittée qu'après accord de la banque.

« – Exact, répond la bouche ronde entre moustache et nœud papillon. D'où ma proposition.

« – Que faisons-nous par après, selon vous ? demandé-je.

« – Elémentaire, mon cher. Cette fin de semaine passée, dès l'ouverture des bureaux, téléphonez donc, lundi matin, à la Société générale, puisque mon chèque y élit domicile, pour vous assurer que le dépôt en compte suffit à l'achat...

« Et, se retournant sur Isabelle :

« – ... et toi, ma chérie, fais donc visite ce même matin, disons vers onze heures, chez ces messieurs, pour y prendre possession de ce qui t'appartient désormais de plein droit.

« Vraiment, tout cela sonnait charmant : d'un distingué !

« – Bon repos à tous...

« *Exit*, en gloire, le couple de romance.

« Nous nous regardons, le patron et moi : pas de problème notable, puisque nous gardons en main, à la fois, le chèque et la marchandise ; nous ne risquons rien. L'essentiel, bien sûr, reste que, pendant les deux jours d'arrêt, nul ne vole la rivière, qui, en quelque manière, ne nous appartient plus.

« Le samedi, le dimanche passent, non sans que je m'inquiète d'un cambriolage éventuel ; je téléphone deux fois aux veilleurs, et, pour plus de sécurité, passe même, en voiture, lentement, place Vendôme et rue de la Paix ; rien ne bouge, tout va pour le mieux jusqu'au début de la semaine.

« Et donc, le lundi matin, revenu à mon travail, je libère l'équipe de gardiennage, déverrouille les alarmes, réactionne les divers réseaux interrompus et m'apprête à lever le rideau de fer.

« Qui vois-je, alors, sur la place, souriant, debout devant la porte, tranquille et fumant la pipe ? Le colonel en personne, un œillet rouge à la boutonnière, fraîchement rasé, l'œil luisant, la lippe rassasiée, toujours aussi Jockey-Club.

« A mon visage étonné, il sourit et gouaille, railleur :

« – N'appelez pas ces messieurs de la banque, très cher ; je crains que, comme certaine langue, le chèque ne soit de bois. Ni provisions, ni compte, pfuitt... rien ! Où ai-je donc trouvé son carnet ? Sur le bureau directorial d'une entreprise en faillite ? dans le sac d'une marquise ruinée ?... Ma parole, je perds la mémoire. Jetez donc ce papier sans valeur et conservez par-devers vous vos verroteries.

« Il avance les lèvres, guindé. J'ai dû le regarder la lippe pendante et les yeux ronds. Quel acteur ! En partant, il pirouette, comme au théâtre on tire sa révérence en fin de représentation.

« Tout à coup, il se ravise et revient vers le seuil :

« – Ah ! oui, j'oubliais – où ai-je donc la tête ? –, j'ai tenu à revenir pour vous rendre infiniment grâce des nuits d'amour et des festins royaux que m'a offerts la gracieuse. Quelle grandiose fin de semaine, monseigneur !

« Il s'incline. J'en laisse tomber le trousseau de clés.

« – Sachez-le, jeune homme : une demoiselle de grande maison.

« Il me quitte, solennel. »

Perles

Pendant la minute d'un beau jour au bord de l'océan, les jaunes et les bleus glissent sur le monde. Que soudain entraînée par un grain rapide, une suite de nuages offusque le soleil sous le cône d'ombre mobile où marche le randonneur, et le paysage tout entier entre dans une grotte longue et glauque, d'un vert profond et sombre, où les reflets foncés d'une lumière intérieure font briller des lieux discrets, où apparaissent alors, comme en une caverne au trésor, dix reliefs détaillés comme des cristaux précieux, pointes de rocs brillantes parmi des flaques de sable, bouts d'épaves luisantes, planches goudronnées comme du jais, fientes d'oiseaux, paquets de goémons enlacés, taches grises dans l'humide, reflétés sous les vitraux et dans l'intimité d'une chapelle, étroite et fugitive, alors que le soleil d'or et la mer azurée montraient, tout à l'heure, l'espace global de l'univers. Instantanément, tout passe du clair à l'obscur, du jaune au vert et du bleu au noir, du global au local, de l'extérieur au dedans. Passé grains et nues, le porche s'ouvre et le paysage sort : le voilà, de nouveau, vraiment au-dehors. Ainsi, la promenade traverse autant de tunnels, transparents et successifs, individuellement teintés.

A toute heure, capricieuse, l'Atlantique livre ces couleurs marron et grises, déployées dans le spectre de l'émeraude ou de l'aigue-marine, initiant, tout à coup, la perception externe aux mystères intimes d'une bouteille en verre translucide où tournoie la brise, alors que, pendant des mois, la mer Méditerranée resplendit sous l'œil olympique de midi. A sa transparence claire s'oppose le kaléidoscope variable d'un présentoir joaillier.

Comme la France, beaucoup de pays aiment à diviser leurs climats et leurs cultures en régions du Nord et du Sud : ainsi l'Italie, entre Sicile et Toscane ; l'Espagne, entre Andalousie et Pyrénées ; l'Angleterre, d'Edimbourg à Londres ; l'Allemagne, de la Baltique à Munich ; le Brésil, entre Amazonie et Rio ; la Chine, entre Pékin et Shanghai ou les Etats-Unis de la Sécession... alors que nul ne voit qu'un partage étrange sépare, du moins en France, les paysages de l'Ouest des territoires de l'Est : ceux-ci jaune et bleu, vert bouteille ceux-là, ne montrent ni les mêmes gemmes ni les mêmes perles. En tournant, avec la Terre et les vents turbulents, autour des latitudes, les choses et les hommes varient tout autant mais autrement qu'en glissant le long des longitudes.

Deux familles composent les gens de marine, celle de Toulon et celle de Brest : vers l'une convergent, avec la marée, les tribus océaniques ; en l'autre s'assemblent celles issues de l'immuable mer intérieure. Basques et Landais comprennent toujours mieux les Bretons, les Boulonnais, voire les Gallois et les Ecossais, les Danois et Finlandais, que les Mokos, les Grecs et les Turcs. Nés sur les bords de Garonne, Montesquieu et Montaigne s'efforcent, avec la plus grande peine, de penser l'Antiquité de Rome ou d'Athènes, alors que leur pente naturelle les conduirait plutôt, bardes et troubadours, vers Nantes, Le Havre, Lisbonne et Glasgow. Le long du Rhône et du Rhin, face à eux, se déploie le Saint Empire romain germanique, de Marseille et Nice à Nancy et Strasbourg, ou même, encore, de Tunis à Cologne.

La vue des gens d'Ouest, Bretons ou Ibéro-Celtiques, se pique d'embruns subits dont les tourbillons font baisser les yeux sur les détails intimes, alors que les ensoleillés aiment à construire l'univers. Ceux-ci plongent dans la lumière ou dans l'ombre, alors que ceux-là ne voient que des demi-teintes ou le clair-obscur. Nous ne percevons pas des choses semblables ni ne ressentons la même conscience intime quand la vie baigne dans un autre environnement. Là-bas, droites et piquantes, les plantes sèches agressent, alors qu'ici, douces, les mousses de velours se moirent, caressées diversement sous le vent frais : face aux géomètres secs, les algébristes nagent dans les variables et les variations.

Les pieds dans le ruisseau sous le soleil vainqueur, Socrate juge de tout, coupe ou distingue les concepts, avant que Platon conduise ses disciples à l'extérieur de la caverne sombre, vers l'illumination définitive. Rien de nouveau sous l'astre du jour, annonce l'Orient ; nulle feuille ne ressemble à aucune autre, constate l'Occident. Tout connaître, décident les externes de la mer intérieure ; comment survivre par l'indiscernable, demandent ceux que leur climat, ouvert, enferme sans cesse dans les grottes glauques, puis sous les dômes énormes, du versatile vert.

Enfermé dans sa tour aux citations, Montaigne, tolérant, se protège du mauvais temps et des guerres de religion en essayant de comprendre les autres et soi-même dans le détail de la vie quotidienne, variable. S'avouant ondoyant et divers, il éclaire, ainsi, sa nature arlequine dans le paysage aquitain et aquatique aux variations instantanées de couleurs sous un climat changeant de manière subite. Bouclé dans sa cellule, mais ouvert à tous les hommes, à leurs œuvres et pensées, ainsi qu'aux nouveautés, il passe, de manière étrange, quoique permanente, de l'extérieur ensoleillé à l'intérieur de la caverne aux nuages bas, sous le grain : vie et pensées en déséquilibre sur le fil d'une lame, basculant continûment d'une vérité à une autre, y compris à son contraire, de l'émeraude translucide au vert des reliefs noirs.

Un Grec a-t-il jamais décrit un paysage ? Découpé dans l'espace, son lieu dans le monde, topique dans le cosmique, n'a de caractéristique qu'humaine, politique ou, à la rigueur, agraire. Existe-t-il un seul dialogue de Platon qui décrive la surface terrestre avec autant de détails que les Enfers du *Phédon* ? Comme si le paysage ne pouvait avoir lieu qu'ailleurs, sous terre, dans des cavernes abjectes. Géographe et ethnologue, Hérodote explore les pays, les cultures, les fleuves, les langues, traverse hardiment les frontières, comprend admirablement la diversité, mais a-t-il jamais approché seulement cette boule de monde variable que nous nommons un paysage ?

Il faut, sans doute, attendre Bodin, Leroy, Fontenelle et Montesquieu pour penser la variation des hommes et les vicissitudes variées de leurs cultures et institutions en fonction des climats, des degrés de latitude, des saisons, bref, de cette variable que nous appelons, aujourd'hui, environnement et qui se fractionne en paysage, cette singularité de monde. Comme nous restions le plus souvent grecs pour la philosophie, je veux dire logiques, analytiques et cognitifs, nous avons ignoré longtemps le concret du paysage, ce nœud local de réel qui croît, décroît et varie, où le lieu singulier s'entrelace finement au temps, par le vivant, l'inerte et les intempéries. Cette dentelle variationnelle reste ignorée des Hellènes, parce qu'elle nous force à revenir sans cesse dans une caverne.

Pour accéder au variable capricieux des choses et du temps, sans doute a-t-il manqué aux philosophes des mers gisant vers l'est de marcher le long des grèves océanes, plein ouest, et, au cours de cette randonnée pas à pas, de passer, de manière brusque ou progressive, du jaune au vert et de l'émeraude à l'or, du saphir aux gouttes troubles, du clair au noir et du foncé sombre à des lueurs spectrales, du froid au chaud et du tiède au glacé, du sec à l'humide et de la pluie battante à l'accalmie ensoleillée, du calme plat aux grains fractals et turbulents dont la violence féroce aveugle et assourdit, de l'univers large à un boyau resserré, du dehors au dedans, de l'intérieur à l'externe, de l'objectif à l'intime... et de saisir, ainsi, de tout le corps actif, peau, muscles et système sympathique, la croissance et décroissance réunies de cette merveille, scintillante et joaillière, que la langue française nomme le concret.

Randonnée tout au long d'une rivière de perles : cent temps dans une journée, pour les choses et les âmes, autant de sorties que d'entrées.

Lisez ainsi les œuvres d'Ouest : mosaïques bigarrées, marqueteries variées, céramiques émaillées...

... ou pages de plage.

Annuaire des marées en poche et sur le dos un petit sac, marchez donc le long de plages désertiques pendant plusieurs jours. Oui, leur beauté calme recommande les façades ouest : la côte française des Landes, les rivages atlantiques du Maroc, jusqu'à la Mauritanie, les rives du Pacifique, de Goleta ou Isla Vista vers Big Sur, ou plus haut en latitude, du côté de l'Oregon, ou même en Alaska, du côté de la zone polaire. Orientez, de préférence, vers le nord votre avancée pour éviter d'être aveuglé par deux soleils, au ciel et sur l'eau ; les ombres, dont la vôtre, brèves ou longues, prolongent les songes, devant.

Plongée dans les quatre éléments, air et mer énormes, terre plaine, feu solaire, plus leurs voisinages combinés, fertiles en naissances et riches de cadavres, la randonnée, solitaire, par la brasserie têtue d'une soupe primitive, ne rencontre que des vols d'oiseaux peureux et quelques tresses élastiques d'algue, de goémon et de varech, flanquées d'épaves éparses, coquilles cassées, dauphins échoués, filets rompus, planches disjointes aux fers tordus, plaques noires de mazout. Le pas à plat bat le début ou la fin des vivants du monde.

Au fil des minutes, la solitude enivre le corps, follement expansé à travers son nouvel habitat géant : la maison s'ouvre d'un toit, d'un plafond bleus aux tuiles de nuages, se réchauffe à une source naine et jaune, une moquette blonde et lisse de sable humide revêt le plancher du salon, et, appuyées aux murailles falaises, les dunes se creusent de hamacs à longues fibres vertes. Enfin revenu dans sa demeure-monde, voilà que le nomade, errant, devient casanier. Pourquoi, depuis si longtemps rapetissé, avait-il délaissé ce palais pour de si minables habitacles ?

A gauche, dépliant ses lames et envoyant son brouhaha, l'océan ne cesse, depuis le commencement, de répéter leurs messages, sans doute pour que quelqu'un, quelque jour, les comprenne. Depuis quand devînmes-nous sourds à cette voix, l'une des rares aussi constamment redites ?

Et, si nos oreilles se bouchent à ses appels ressassés, pourquoi nos yeux ne les relaient-ils pas, en lisant, à livre ouvert, les lignes écrites régulièrement par la houle qui déferle, blanche, sur la page-plage ?

Sur son écritoire, la maison étale un parchemin vivant où la main absente du vent imprime les lettres du texte ou la portée musicale que les hasards du ressac ponctuent de notes noires et blanches. Quelle partition géniale accompagna jamais ses barres, ses appoggiatures, refrains, mesures et ritournelles, du bruit, de la voix, de la complainte par eux évoqués ?

Alors que nous comprenons les paroles sans écrit et, inversement, les livres muets, comment n'entendons-nous pas le double appel des vocalises et des lignes que la bave pâle du déferlement rédige, en temps réel, sur le trait long de l'onde ou l'écran de la vague devant nous vivante ? Pourquoi cette surdité, cette incompréhension, cette étrangeté à ce qui se parle et se chante dans notre maison de monde ?

Parce que nous ne nous lançons plus à corps perdus.

Caparaçonnés de caoutchouc, debout, en déséquilibre, liés, collés à leur planche, les fantômes noirs qui glissent sur la crête des lames, en extase le long du ressac, depuis l'aube jusqu'à l'ombre, ne cessent de se livrer, eux, à la houle. Que savent en dire ces surfistes ? Rien ? Pourtant, il semble qu'ils lisent ces lignes écrites : ne peuvent-ils pas les traduire ? Peut-être même les écrivent-ils, en saisissant le point précis où s'appuie la plume pointue de la brise et où elle imprime les signes de son tohu-bohu chaotique, pour en suivre finement le style. On dirait qu'ils savent le mystère de cette gravure légère.

Bien que lancés dans une aventure que l'on dirait sans retour, puisqu'ils ne se détachent pas de cette vie, comme des cénobites ivres des œuvres divines, je ne les entendis jamais traduire l'écriture de la mer, alors que je me souviens d'avoir appris, moi aussi, ce qu'ils savent, quand j'engageai l'étrave du bateau le long des lames hauturières, que la charpente du bau craquait d'émoi et de plaisir, au risque de sancir, dans le hurlement du vent, oui, mon corps tout entier savait se déplier avec ce mouvement pour épouser, pour imiter, pour simuler, au plus près, la fluctuation imprévisiblement rythmique des amours marines, oui, je me rappelle avoir connu et déchiffré le sens, les cris, le bruit de ces lignes, blanches sur fond noir, je vais même, tout de suite, en dire le secret... quel silence soudain m'empêche d'en écrire, ici, la traduction ? Ne suis-je jamais, moi non plus, revenu de là-bas ?

Le surfiste de l'œuvre oublie, aussi, ce que peut et sait le corps, quand il se fie, follement, à l'aventure vitale d'écrire. Ecrire... nulle lettre, aucune confidence ne valent si elles ne reproduisent le parallélisme et la rumeur des vagues, longues lignes blanches, dont les rouleaux sombres, après avoir secoué l'étrave ou culbuté les fantômes noirs du ressac, viennent vers moi, sourd et aveugle, ébloui, debout sur le plancher blond de la maison bleu et jaune, bercé dans le hamac des dunes, fasciné par l'orgue ventilé de l'écritoire verte.

Les lignes que tu vois déployées devant toi ne retentissent de sens, d'émotion, d'amours et de musique hautes que si elles simulent humblement le déferlement, sous le vent, des lames sur la plage-page ; en rangs serrés, mes phrases montent, de même, vers toi, maintenant, pour te dire d'en lire et entendre la plainte et le mugissement sur les vagues, en marchant, à ton tour, longuement, devant le large ouvert de ton rivage ouest.

Fosses

[RÉCIT]

La fortune de Gaspard

– Salut, salaud, adieu pour toujours... bien aise, enfin, que tu ne reviennes pas de ce voyage-là... je t'ai assez vu, merci, salut.

Gaspard Capdessus venait à peine de fermer pieusement les yeux du défunt que la toute neuve veuve aux cheveux bleus chanta l'oraison funèbre. Saisi d'émotions contradictoires, le bon contremaître, qui croyait le couple uni, pensa perdre l'équilibre.

Après avoir râlé trois jours, le père Melchior, vague passager de la planète, la quitta donc un soir brûlant de décembre, dans la chaleur de l'été austral. Gaspard, quarante ans, l'aimait beaucoup et l'autre, soixante-cinq, le lui rendait avec usure ; sous la rafale d'injures, le premier comprit qu'il pleurerait seul son ami. Nés dans le même village, l'un, spécialiste de charpentes métalliques et de béton armé, excellait dans le bâtiment et l'autre dans les bijoux et la finance. Ils s'étaient connus et appréciés lors d'un chantier, en Equateur, où, maître d'ouvrage, Melchior veillait à l'exécution des plans et où Gaspard, en principe sous les ordres d'un maître d'œuvre toujours absent, montait les murs et les fermes. Tous deux français parmi les Indiens et passionnés de haute montagne, ils avaient écumé, en cordée, le Chimborazo et le Cotopaxi ; on ne coupe pas aisément une corde qui a gelé, derrière le même guide, autour de six mille mètres et face à des constellations tierces entre nord et sud.

Les liens du mariage paraissaient plus lâches. La diatribe se doublait d'un chant de liberté, entonné par madame mère et les orphelines. Sous l'excessive chaleur, la nuit descendait sur la maison du bonheur.

Expatrié jeune et loin de sa Provence d'origine, le père Melchior avait vendu des journaux à la criée, à Toronto et Sydney, vers le début de ce siècle, avant d'aiguiser ses premières dents chez les tailleurs de diamants d'Amsterdam. Mille métiers, çà et là laissés, l'avaient plongé dans cent misères, avant qu'une certaine aisance et une paisible retraite l'installent, avec sa famille, dans une longue maison de brique sombre, sur les hauteurs du Cap, face à la Table Bay, à cinq degrés de ces quarantièmes dont les rugissements unissent l'Indien à l'Atlantique, terme temporaire, dans un paradis terrestre, de ses interminables voyages à travers toutes les montagnes, andines ou autres, dont les flancs pouvaient receler pierres ou métaux précieux. Dans quelle mine, dans quelles fouilles n'avait-il pas mis son nez, par quels déserts n'avait-il pas traîné ses souliers à clous ? Passé partout, pour tout voir et tout connaître sur l'or, le diamant, le béryl et le corindon, il avait fini par faire autorité sur les places financières où personne au monde ne l'égalait sur les rapports entre l'argent et tout ce qui valait plus que lui. Il avait même, un jour, repris des études, en minéralogie, à l'Ecole des mines de Paris, pour réétudier le cristal des pierres et la chimie des métaux. Méprisant la monnaie, les chèques et les traites, tout ce foutoir de papier, disait-il, et ces mètres cubes d'encre, il n'accordait sa pleine confiance et son expertise qu'aux choses dures, denses, solides et brillantes que l'on trouve sous terre du côté du Minas Gerais ou en Sibérie. Chez de Beer, à Johannesburg, ses directeurs prétendaient qu'il reconnaissait les gemmes individuellement, comme des femmes ; il leur donnait des sobriquets charmants et les adorait au même titre. Sans doute pour cette raison et comme une pierre, même précieuse, qui roule, il avait amassé peu de mousse, mentait-il.

En compagnie de sa femme et de ses trois filles, Gaspard venait de passer des après-midi chauds et mornes à voir et entendre râler le vieil aventurier. Le supplice s'acheva quand ladite oraison commença. Stupéfait, l'ami ne dit mot.

– Il n'aimait que toi. Il nous tenait pour des minus !

Les vierges psalmodiaient sur le mode maternel. En vérité, jamais cadavre ne reçut, au-dessus du menton fraîchement fermé, plus de jugements derniers : coureur, cruel, infidèle, tyran autoritaire, avare, orgueilleux, égoïste, jaloux, coléreux... Venu pour accomplir le plus pieux des devoirs d'affection, Gaspard passait du paradis amical aux démons familiaux. Soucieux de ne pas se mêler à une intimité gênante, il s'assit à l'écart en se demandant s'il ne devait pas se retirer aussitôt.

La nuit ne rafraîchissait pas la sueur. Minuit allait sonner lorsque l'aînée, l'air soucieux, s'avance vers le bâtisseur, et, en chuchotant, l'interroge :

– Connais-tu la législation sur les droits de succession ?

– Un peu..., bégaie l'autre. Comme je viens de perdre ma mère, j'ai dû m'instruire de ces leçons définitives.

– Suis-moi, demande l'héritière, du même âge que Gaspard, un peu voûtée, les yeux globuleux, l'air égaré, la tresse courte ; elle quitte le chevet du père.

Tous deux descendent l'étage de la chambre mortuaire, traversent le vestibule, tournent le dos à l'entrée, parviennent devant une haute porte jaune. La fille prend la clé dans sa poche, assure ses lunettes, ouvre un cadenas énorme qui pend à une grosse chaîne peinte en bleu, précède Gaspard dans l'escalier d'une cave assez claire où le groupe débouche dans une sorte de cellier, garni de porte-bouteilles où il reconnaît des crus de Paarl Valley ; entre leurs rangées, au fond, cachée par des panneaux de contreplaqué, une autre porte, basse et noire, se découvre ; l'aînée engage une autre clé...

Seigneur ! La fortune dans la tombe de Toutankhamon, la cave des rois de France, le magot des Templiers, la Toison d'or, le trésor de Rackham le Rouge, les réserves de la Mafia... D'un coup d'œil, Gaspard en évalue la somme. Des lingots, en tas, bien croisés les uns sur les autres, comme briques allongées, attendant qu'on les assemble... la murette monte au moins à sa ceinture... des cassettes qu'entrouvre la fille dont le profil s'illumine de limpides coloris... diamants, émeraudes, rubis, turquoises, saphirs, améthystes, sardoines, aigues-marines, opales, calcédoines, topazes, lapis-lazulis... plus ou moins précieuses, gemmes ramenées, chipées sans doute, de toutes les mines de la terre entière... gros comme des dictionnaires, des paquets d'actions liés par des ficelles... la caverne d'Ali Baba...

– Qu'allons-nous faire de tout cela ? dit l'aînée, tout enrouée.

– Mon Dieu, répond l'autre, soudain plus respectueux, mais ce que l'on fait en général de la fortune.

– Nous voilà toutes quatre vilainement embarrassées...

– Pourquoi donc ? Bonne aubaine, que diable !

– Détrompe-toi, Gaspard ; mon père se comportait comme un bandit ; ce malotru n'a rien déclaré au fisc : il profitait, bassement, de son double statut d'expert reconnu et d'étranger.

– Comment le sais-tu ?

– En descendant prendre du vin, j'ai découvert le

pot aux roses récemment ; je lui en ai parlé ; il m'a fichue à la porte.

– Que t'importe maintenant ?

– Et la loi ?

– Réjouissez-vous, tout au contraire, de ne pas payer de droits de succession, au moins pour... ces choses, s'exclame Gaspard, intimidé.

L'héritière le toise comme une justicière considère le pécheur ; puis, brusquement et à l'inverse, comme une vierge avant le viol considère un sauveteur. Celui-ci enchaîne :

– Pourquoi me mets-tu dans une confidence aussi risquée ?

– Parce que nous n'avons confiance qu'en toi.

– En moi ?

– Tu le sais bien ; tu connais depuis longtemps les affaires de la famille, tu es honnête et tu l'aimais, pas nous.

– Je vois.

– Aide-nous, Gaspard !

– Que dois-je donc faire ?

– Tout prendre, tout emporter, tout faire disparaître, tout garder, tout cacher...

Elle halète et sue, comme aux abois.

– Grands dieux, tu es folle !

– Vite, emmène tout chez toi.

– Mais pour quelle raison ?

– Melchior est connu dans ce pays, trop connu même. Imagine que le fisc nous contrôle, après le décès. Qu'il appose les scellés ! Nous serions perdues d'honneur et ruinées.

Gaspard refuse ; mais l'autre, insistante, convoque dans l'antre sœurs et mère qui se joignent en chœur pour le supplier de les délivrer de ce poids encombrant. De ce poids ! Eberlué, l'ami de la famille entend le Malin le pousser à tout enlever pour prétendre, quelques jours après, avoir tout perdu ou n'avoir rien reçu. Quelle somme énorme pour une aussi facile malversation ! Fortune faite tout de suite... cadeau ! Mais, en face, le bon ange dicte le devoir, au moins envers le disparu. Gaspard devine son nez finaud et diabolique ; son ombre se délecte-t-elle de voir des successeurs assez honnêtes pour se faire posséder si joliment ? Les voilà en train de pleurnicher en chœur. Gaspard se décide.

– D'accord, j'emporte tout et vous le rendrai à loisir. Je vais chercher la voiture.

Le bon ange l'a-t-il emporté ou le Malin... ? Le soulagement de la veuve et des orphelines lui paraît si comique qu'il comprend que Melchior, aventurier toutes latitudes, malhonnête certes, mais génial en son genre, se soit lassé vite de ces vierges sages et de celle qu'il croyait leur sainte mère.

– Non, demain ou après-demain. Nous ne risquons rien en cette fin de semaine. Les bureaux ferment et les inspecteurs laissent le travail.

Obligés à cent démarches en raison du décès, ils décident donc ensemble de ne transférer le tas que le mardi suivant. Le jour venu, ils mettent un temps fou à tout transporter ; caisses pesantes, titres, papiers – contrairement à sa doctrine, le vieux entassait aussi bien des actions –, enfin la montagne d'or, camouflée par lingots dans des sacs de jute. Sous le grand soleil, tout cela gît sur le trottoir de façon fort innocente ; on dirait le débarras d'un nettoyage ; honteux d'un si gros étal dont ils connaissent seuls le prix, la mère et les trois enfants rentrent dans la maison un moment, pour souffler, pendant que Gaspard va chercher une camionnette louée, garée assez loin.

Au retour, tout a disparu.

Après des courses en tous sens et des recherches éperdues, les voisins leur disent, deux heures plus tard, qu'au vu du tas gigantesque, bien visible sur l'accotement...

– Par la fenêtre, nous vous avons vus déménager vos restes et vous savez bien que le mardi le camion public ramasse tous les débris encombrants que l'on abandonne au bord de la pelouse.

... les éboueurs ont lancé les paquets un à un dans la benne...

– Mon Dieu, comme ils suaient, comme ils soufflaient, que cela paraissait lourd !

... où la mâchoire de la presse hydraulique a déchiré en menus chiffons les gros paquets de papiers bien ficelés, tout en précipitant parmi les ordures...

– ... cent barres de fer, au moins, et, versés de paniers, des gravillons qui faisaient un bruit de mitraille... oh, les costauds ! En deux minutes, ils ont tout nettoyé !

La dinde rôtie

Elle partit, au beau milieu de l'après-midi, comme elle avait toujours vécu, sans faire aucun bruit, en un dernier souffle aussi discret que tous ceux qui, pendant quatre-vingt-trois ans, s'évanouirent entre les dents de son petit sourire.

– Je l'ai tant aimée, dit sa fille, en lui fermant les yeux.

Dehors, la bise emportait les paquets de neige presque à l'horizontale. Son mari, aussi, pleurait, quoiqu'il prétendît que sa belle-mère, parfois... Il se retourna vers la fenêtre, y frotta la buée en soupirant, avec cette fierté que montrent les Québécois lorsqu'ils évoquent les froids les plus noirs :

– Calice ! La poudrerie du siècle !

Josiane et Marcel La Fontaine cultivent la terre à quinze miles au sud de Chicoutimi, sur la rivière Saguenay que remontaient les baleines. Comme leur mère, ils n'ont jamais connu que leur pays, leurs Laurentides natales, vieille terre de courage et d'hospitalité. Ils redoutaient mais ils aimaient l'hiver, éternité annuelle où la solitude sculpte aux paysans un corps héroïque.

Lentement et en silence, ils habillent la vieille mère, lui attachent autour du cou sa dentelle préférée, s'abîment en prières, dînent et se mettent au lit.

– L'an neuf dans huit jours, dit Marcel en soufflant

la bougie. Terrible guerre ! Les enfants ne pourront pas venir, cette année, même s'ils ont une permission, à cause du verglas.

Le lendemain et les jours suivants, la tempête ne s'arrête pas. Trop dure, la terre, pour y enterrer la mère. Ils décident donc de la mettre au froid dans une sorte de huche à pain, placée sous le hangar ouvert. Petite procession aveuglée entre la maison et la grange, à porter la civière légère dans la neige qui leur monte jusqu'aux hanches. Mais ils ne peuvent pas la conserver longtemps là. Lorsque à la première accalmie du vent, ils croient possible de partir en voiture, ils placent le corps dans le coffre et tentent l'aventure d'aller au cimetière, distant de cent kilomètres. Au moins, là-bas, sous la dalle...

Surprise ! Assez vite, la route se trouve libre de glace. Le soleil se met à luire. Seul le relief, très adouci, laisse deviner que la terre existe encore sous l'épaisseur énorme du recouvrement. Mais quoi de plus enivrant que le face-à-face silencieux du blanc d'hiver et du ciel bleu ? Le chemin danse de collines brillantes en étangs livides, presque noirs en face nord. Tout au délice d'avoir changé de monde si vite, de l'enfermement sous le poids des amoncellements au volume ouvert et libéré, les deux rient d'amour à leur pays candide. Marcel raconte la création du monde : dès la première douceur, il désigne à Josiane, qui connaît la ritournelle pour l'entendre chaque année, les premières choses qui renaissent et surgissent à mesure que le niveau blanc descend ; là, une branche, ici, la pointe de ce buisson, ailleurs la pierre faîtière d'un bâti... comme une arche engloutie sortie de la mer, la terre émerge, à la séparation des premières eaux, dit-il. Paysage originaire, le Québec écrit la Genèse sur son sol tous les printemps. Même avec la grand-mère derrière, Adam et Eve osent plaisanter en avançant vers le redoux.

Nouvelle surprise, à la station-service, le restaurant ouvre. Ils laissent la voiture au pompiste, en lui demandant de bien vouloir faire le plein, et entrent dans la salle pour y commander – midi sonne – des fèves au lard et une tarte au sucre, avec du cidre doux. Bombance ! Le beau temps fait oublier la tristesse du deuil et le voyage interrompt leur solitude hivernale, sans radio ni téléphone, à cette époque ; la salle bourrée de camionneurs et de fumée, de voix joyeuses et jeunes, les réconforte. Ils restent même là plus que de raison, rien que pour jouir de cette chaude convivialité ; ils plaisantent longuement avec la serveuse, une fille blonde et molle, large de hanches et forte en gueule : elle leur donne des nouvelles de la guerre du Pacifique et d'Europe, qu'elle entend, le matin, à la radio du patron ; un de ses fils combat, lui aussi, dans la marine canadienne. Un peu éméchés de bière et de paroles, Marcel et Josiane sortent enfin.

– La voiture ? demande le premier au serveur.

– Quelle marque ? répond l'autre, distraitement.

– La Dodge beige.

– La vieille avec une bosse à l'arrière ? Mais elle est partie depuis une heure, au moins ! Trois jeunes gens sont venus la demander de votre part ! J'ai pensé que vous les aviez envoyés !

Discussion très vive.

Il faut se rendre à l'évidence : des voleurs ont fait main basse sur l'automobile. Vite, alerter la police.

Le couple n'attend pas longtemps.

– Tu descends dans la direction de Saint-Siméon, où on sautera dans le ferry vers Rivière-du-Loup... après, entre Saint-Clément et Saint-Cyprien, en tirant vers le lac Témiscouata, on laissera la Dodge dans le pré de Mme Gravel. D'accord ? Pendant que Joseph fera le guet, on suivra, Pierre et moi, le ruisseau des Trois-Pistoles en patins... et à nous le magot sous l'arbre... on le met dans les sacs à dos, ensuite dans la malle. Il va neiger, rien, aucune trace. Oui ? Après ça, l'avion et la Floride, pour se cacher tant qu'on veut. On partage le morceau en trois ce soir. D'accord ? Pas d'arrêt avant le Saint-Laurent ni avant le chargement. Appuie à fond sur la pédale. D'accord ?

Silencieux, les deux autres acquiescent de la tête aux ordres, secs et précis, du chef, un petit brun ébouriffé aux lunettes noires, dont le caractère aigre et le bégaiement aigu en imposent à la troupe ; ils roulent par la plaine blanche jusqu'au fleuve, prennent le bac et sortent de la route longtemps avant leur destination, pour suivre un autre chemin et brouiller des pistes de recherche éventuelles.

– Depuis qu'on ne roule plus sur le plat de la bonne route, j'ai l'impression qu'avec les cahots, quelque chose bouge dans la malle, dit Joseph, qui pilote.

Sous son bonnet de laine blanc à pois rouges, il parle sans assurance.

– J'ai dit : pas d'arrêt, d'accord ? redit, vite, Camille, qui commande

Mais ce bruit laisse une inquiétude dans l'esprit des trois voleurs. Au premier refuge, le long d'un bois d'érables et de sapins, le jeune chef décide, brusquement, de vérifier.

Ils descendent, en hâte, de la voiture et ouvrent le coffre.

A Rimouski, le patron de la police, dont l'épouse offre à dîner, rit aux larmes, ce soir-là.

– Si toutes les affaires se résolvaient aussi facilement ! En comprenant vite qu'une enquête criminelle les retrouverait, ils ont fui la Dodge comme une bombe à retardement dont la mèche vient de s'allumer. Chaparder, oui, mais devenir des tueurs, jamais : trop cher, en fin de facture ! Alors, comme des moutons, ils sont venus dénoncer, au bureau, l'assassinat qu'ils venaient de découvrir. Avaient-ils le choix ? Ils ont même eu l'audace de prétendre échanger le corps et les renseignements que contenait la voiture contre une récompense.

– Et qu'avez-vous répondu ? demande la dame aux yeux pervenche, à droite du maître de maison.

– Qu'en effet, je fermerai les yeux sur le trésor de Mme Gravel, trouvé la veille par mes hommes sous la neige fraîchement creusée, derrière le jardin de sa ferme. En partant, Camille avait laissé tomber, par mégarde, l'un des gants qu'il avait mis avant de prendre la pioche. La victime a porté plainte, mais l'a retirée dès qu'elle a revu son argent. Croyez-moi, ils n'ont pas demandé leur reste.

– Quelle trouvaille, pour les trois chenapans, qu'un cadavre dans le coffre... fort ! dit la dame aux yeux clairs et au bel esprit.

– Et chez la mère Gravel, combien de dollars et de bijoux a-t-on déterrés ? s'enquiert, en face, l'œil allumé, une commère, jalouse et curieuse.

– A la place des La Fontaine, j'aurais préféré retrouver la voiture, mais seulement après que les monte-en-l'air y eurent substitué le magot à la grand-mère, répond la belle, plus réaliste.

– Notre métier consiste à repérer ces jeux de furet, pontifie le policier, où passent de main en main, par exemple, ici, dans le coffre, le corps et le trésor. Et, quand je peux deviner les lieux où la fouine passe, je coince le passeur pour lui mettre les menottes.

– J'y verrais plutôt le jeu du téléphone, dit la dame intelligente, où chaque station transforme ce qu'elle a reçu.

Le repas va bon train, dans les rires et les bons mots, et ils se passent la dinde rôtie, bien découpée sur un plat d'argent.

– Mais comment les choses changent-elles en passant ? demande la commère, naïve, tout en se servant.

Pluie

[RÉCIT]

Amis de vieillesse

Les meilleurs amis, dit-on, restent de la jeunesse ; mais avez-vous eu des amis de vieillesse ? Quand le mot n'existe pas, doit-on douter de la chose ?

Il a réjoui notre jeunesse. Suivant les seuls déplacements possibles pendant une guerre longue dont la terreur, les bombes et l'ignominie enfermaient les enfants et les femmes, nous avons pu traverser, grâce à lui, le désert et les Andes, l'Himalaya et le Tibet, les mers chaudes et la banquise, sans quitter notre maison, mais avec l'espoir de la laisser un jour. De nos bonnes rencontres d'Indiens, de Chinois et d'Arabes, il a guidé la première amitié. Le monde et ces hommes apparus à notre porte, il nous les a présentés dans leur beauté joyeuse : arcs-en-ciel colorés, montagnes formidables, mystère des îles, générosité riante de chacun envers les autres. Avec plus d'aise que dans notre propre chambre, nous fûmes nombreux à jouir de son hospitalité, à Moulinsart, en un temps où nos maisons vibraient des bombardements et nos têtes des camps d'extermination. J'avais donc habité chez lui plus longtemps et plus heureusement que chez moi.

Je ne l'ai connu que sur le tard. Il venait de publier *Les Bijoux de la Castafiore*, récit autant que réflexion, bilan de nos esclavages sous le règne du spectacle. Il m'écrivit une longue lettre en réponse à un article où j'avais essayé d'évaluer la profondeur de ses cases claires. Nous correspondîmes. Sur son invitation, je pris le train pour Bruxelles.

Peut-être avez-vous vécu, comme moi, cette double impression, si bouleversante : comment vous présenter devant quelqu'un que vous n'avez jamais vu, mais que pourtant vous connaissez pour avoir mangé, dormi, rêvé... si longtemps auprès de lui ? Alors que vous n'avez jamais franchi le seuil de sa maison, vous y avez cependant logé le plus clair de votre vie. Quel visage vous montrera celui que vous avez tant aimé ? A tirer le cordon de sa sonnette, vous envahit une irrépressible émotion, émanée d'un temps perdu. Vous bégayez, vous ne savez plus parler ni vous tenir, un voile de larmes douces brouille vos regards.

Agé déjà, souriant, sérieux, il m'invite à entrer. Horreur. Sur la table du salon traîne un revolver 6.35 de la meilleure fabrique, luisant, visiblement bien entretenu, tragique. Alors, issu, de nouveau, du fond de ma jeunesse baignée des meurtres de la guerre, mon dégoût viscéral pour les armes à feu me revient dans la gorge, comme une envie de vomir ; je cherche une porte pour fuir, d'autant plus affolé qu'en désignant l'objet, Hergé me dit, débordant de calme et de courage :

– Fanny et moi, nous le gardons constamment à portée de nos mains, par souci de protection ; vous avez, sans doute, en arrivant, remarqué notre voisinage : les ennemis nous entourent.

Il souligne ces derniers mots d'une mimique terrible. Dans quel drame pénétré-je ?

– Asseyez-vous, Michel.

Incapable de répondre, je m'effondre dans un fauteuil. Trop abasourdi, je ne peux me souvenir par quel bout mon hôte commença notre conversation ; en de semblables circonstances, il me semblait bien enjoué. Quelle audace, quelle tranquillité devant le danger !

Alors, sur un geste foudroyant, la situation se dénoua. De la porte de gauche, donnant sur le couloir, apparut, noir comme l'enfer et sautant souplement, le démon soi-même, sous la forme du chat favori d'Hergé, dont la forme traversa le salon, comme une lueur, tout le long de la fenêtre de la véranda. Saisissant l'arme d'une main sûre, à la vitesse de la même lumière, celui qui devait devenir, et pour longtemps, mon meilleur ami de vieillesse, tira trois coups brefs, à trois reprises puissantes – arrivée du chat, passage au milieu de la pièce, sortie de l'animal par la porte opposée –, de trois jets d'eau paraboliques, dont la bête, astucieuse, ne reçut goutte, même sur la queue.

– Il faut que je m'entraîne encore, dit Georges Rémi, en reposant l'arme. Mauvais cow-boy ! ajouta-t-il, comme découragé, je dégaine toujours trop tard. Vous, Michel, voulez-vous essayer ?

Il propose la chose à mes mains tremblantes, ironiquement, pendant que le chat, sombre et rapide, revient au point de départ.

– Georges, crie Fanny, simulant la colère, tu as, encore une fois, inondé le plancher !

Je renaissais : Milou, donc, n'était pas blanc et n'était pas un chien. En plastique, l'arme, un pistolet à eau, ne crachait qu'un éclat de rire. Entré en professeur Tournesol, je me trouvai aussi sot que le capitaine Haddock.

[*P a y s a g e*]

Le savant et le sorcier

Passionné de science, le jeune infirmier Odoumé Aba l'avait bien méritée, cette bourse. Et, quoique triste de quitter sa famille et ses amies de cœur, il partit néanmoins l'esprit léger de son Nigeria natal pour suivre, pendant deux ans, un stage de médecine dans un hôpital d'Edimbourg, où firent merveille ses dons pour l'observation. Certes, il eut froid ; bien sûr, la neige et la pluie lui parurent pénibles et il lui fallut s'adapter à une étrange nourriture... mais, au bout de tous les comptes, il trouva là ce qu'il recherchait depuis la mort de son père et de sa mère, au milieu des fièvres : une compétence dans le diagnostic des maladies et une expertise dans l'administration des médicaments.

Le temps expiré, il reprit le bateau pour Lagos où il s'étonna de la chaleur équatoriale.

Trois jours après, son hameau natal, en brousse, fête le retour de son savant, très entouré d'amis, de sœurs et d'admirateurs. Sous l'arbre aux palabres, famille et alliés ne cessent de lui demander de décrire l'Angleterre, son herbe et ses arbres, ses paysages de neige, les mers froides, les repas des habitants, les automobiles, tout enfin. A cette époque, dans les années trente, et sous ces latitudes, ni les journaux ni la radio ne parvenaient aussi loin : on n'y transmettait les nouvelles qu'oralement. Et, devant les visages étonnés, il en use, de la salive, à dire, interminablement... Mieux, le jeune Aba se régale de ces journées de gloire et en profite avec gourmandise, car, demain, il faudra, de nouveau, se mettre à panser, piquer, ligaturer...

Mais celui à qui revient la renommée fait toujours quelques jaloux. Le soir, après la sieste, au moment où le soleil commence à décliner, le sorcier vient l'interroger sur des choses si obscures et compliquées qu'à plusieurs reprises, le vieux maître le prend, avec une sournoise ironie, en flagrant délit d'ignorance ; sous les rires de l'assistance, la gloriole, peu à peu, se retourne au profit de son rival, qui en sourit de suffisance et d'aise.

Ivre de vengeance, Aba décide alors de reprendre l'avantage.

– Sais-tu, ô puissant sorcier, à quel point les prêtres d'Ecosse l'emportent sur les nôtres en puissance et combien ils nous dominent dans la maîtrise des phénomènes ?

Il prononce ces trois mots avec emphase. Fascinée de ce vocabulaire, la population se dispose, de nouveau, à l'écouter.

– Les principales cérémonies mystiques s'y déroulent pendant les après-midi du samedi. Des dizaines de milliers de femmes et d'hommes se réunissent dans d'immenses temples à ciel ouvert, où ils se mettent – *Hou ! Hou !* – à psalmodier des prières préalables vers le firmament. Au bout d'un certain temps, sur la prairie rectangulaire verte, paysage merveilleux au milieu des gradins où la foule s'assemble et s'assoit, entrent quinze jeunes enfants de chœur, en culottes blanches et en tricots rouges ; la moitié des gens se lève, alors, pour le premier chœur de la soirée : *Hou ! Hou ! Hou !* quinze autres assistants les suivent et prennent place en face des premiers, dispersés sur le même pré, habillés, eux aussi, en culottes blanches, mais en tricots noirs : deuxième chœur, plus percutant que le précédent : *Hou ! Hou ! Hou !* L'hymne noir répond au cantique rouge.

« Non, vous n'avez encore rien vu. A ce moment-là, se présentent les trois grands prêtres de la religion écossaise : le Vieux Marabout aux cheveux souvent gris, tout de noir vêtu, et à qui, visiblement, tout le monde obéit, entouré de deux acolytes qui se séparent de lui et courent pour garder, avec des drapeaux triangulaires, les côtés du pré sacré. Le Vieux Marabout, alors, se place au centre du paysage, sur des lignes blanches tracées sur le sol, pour examiner chaque côté, bien comme il faut, à gauche et à droite. Il tient à la main les deux instruments du culte : une sorte de vessie de cuir gonflée, de forme ovale, qu'après avoir présentée au ciel il confie au chef des enfants de chœur rouges, qui la pose par terre, droite sur sa pointe, au centre exact de ces lignes blanches ; plus un petit sifflet d'argent qu'il tient à la bouche et qui lui sert à commander aux éléments. Tout le monde se lève pour une dernière prière. Oh ! Si vous entendiez cette ferveur, vous en seriez tous émus : *Hou ! Hou ! Hou ! Hou !*

« Oui, c'est à ce moment précis qu'intervient le miracle ; oui, j'ai assisté souvent moi-même, témoin stupéfait, à cette merveille ; oui, un événement extraordinaire, oui, vraiment miraculeux (tout en déclamant la suite, Odoumé foudroie, de ses yeux étincelants, son adversaire en gloire) car, aussi savants et religieux que nous nous prétendions, nous autres Nigérians n'avons pas l'équivalent. »

Constatant que chacun retient son souffle et jouissant de ce bel effet, il s'arrête un moment. Suspense.

– Oui, placé au milieu du paysage vert, bien découpé dans le temple ovale, le Vieux Marabout lève le bras droit et, dans le silence général soudain revenu, de son sifflet sacré tire un son strident. Alors, à cet instant même, *il se met à pleuvoir* !

« Qui, parmi nous, réussit, aussi régulièrement, cet exploit ? »

Triomphe incontestable des sciences ; le sorcier quitte la place, tête basse.

Nuit

[RÉCIT]

Appels de détresse

Jacques C..., l'avocat d'assises, raconte :

« Six heures du soir. Décidé à oublier, pendant les trois jours qui viennent, tous les crimes qui dominent la planète, je range les dossiers, congédie les collègues, éteins les ordinateurs, laisse les journaux et me dirige vers la cuisine, quand le téléphone arrête mon élan.

« Je retrouve avec plaisir Baltimore, sa baie, son port et ses crabes, après plusieurs mois de travail continu en France où j'ai laissé bien des amis. Justement, l'un appelle, Bernard, qui habite Washington, ville toute proche, depuis quelques mois ; il travaille à la Banque mondiale. Anxieuse, sa voix tremble au bout du fil :

« – ... à l'aide !... victime d'une agression violente, dans la rue... drogué déséquilibré... réussi à me réfugier à la maison, mais ne peux plus en sortir... l'attaquant a mis le camp devant la porte...

« Comme la distance entre nous dépasse des dizaines de miles et que les chutes de neige de ces derniers jours bloquent les maisons voisines de congères hautes, sous le ciel bleu-noir, je vois mal comment assister mon ami Bernard, toujours échevelé, nerveux, d'humeur soupçonneuse et sombre. Puisque je l'ai vu en bonne forme récemment, je m'étonne de l'appel, car je ne le vois pas en victime... je lui dis de bonnes paroles : sa serrure, solide, tiendra ! Il raccroche en me souhaitant bon week-end.

« Je repars vers la cuisine, m'installe devant les plaques, plonge les mains dans la pâte à tarte, lorsque, de nouveau, le téléphone sonne. Lui, encore.

« – ... dangereux personnage... ne me laisse pas tranquille... ébranle ma porte de grands coups, frappés avec une masse d'acier...

« – Appelle la police, lui dis-je.

« – ... quelle idée... je le fais..., répond-il en bégayant.

« Je dissimule les cadeaux préparés pour les enfants, qui reviennent du gymnase et remplissent la maison de cris et de fureur ; à peine le temps de les embrasser, le téléphone sonne encore ; encore lui.

« – La police, débordée, m'impose une longue attente... je n'en mène pas large !

« – Essaie de trouver du secours dans le voisinage.

« – Invité de-ci de-là, tout le monde a fui ; tu le sais bien, ici, le désert commence le vendredi soir... complètement bloqué chez moi...

« Il raccroche. Et, aussitôt, me rappelle :

« – ... ah !... l'escalier de secours... ils m'attaquent par-derrière... ils sont quatre maintenant, armés jusqu'aux dents...

« J'appelle d'urgence la police locale qui, me reconnaissant, promet de téléphoner tout de suite à celle de Washington et je reviens à ma famille et aux préparatifs du dîner, mais n'y passe pas cinq minutes, la sonnerie encore ; encore la même voix. Avec quelle précision celle-ci exprime l'inquiétude et la douleur, vous le savez si bien que vous reconnaissez aussitôt l'état de santé de qui vous appelle. Avec la sienne, ma peur s'accroît, d'autant que sa porte, blindée, va céder... Vais-je assister au meurtre en direct, par téléphone ?

Jacques s'arrête et reprend sans respirer :

« Non, Bernard n'en mourut pas, mais il me téléphona cette nuit-là, toutes les dix à douze minutes...

et jusqu'à six heures du matin. Un crescendo terrifiant d'angoisse le tint, haletant, au bout du fil, criant d'abord, puis suppliant, vociférant à la fin... Je répondis, d'abord, au mieux de ma bonne volonté, lorsque l'un de ses appels m'apprit qu'une mitraillette se glissait dans l'interstice de sa porte pour se braquer sur son ventre ; le suivant qu'une foule de soldats et de policiers se massait sur la place devant ses fenêtres en se cachant, un à un, derrière les lampadaires, les bancs et les massifs de fleurs ; ensuite qu'ils allaient donner l'assaut ; puis, qu'un hélicoptère tournait autour de sa terrasse et que des chars prenaient place en face de sa porte, canons braqués sur son appartement. Depuis le début, ma confiance en la santé de l'ami m'avait empêché de comprendre que le délire l'écrasait de sa tenaille implacable. Après cette série de nouvelles, je saisis.

« Autour de minuit sonnant, il avait téléphoné à la Maison-Blanche pour exiger du Président des secours d'urgence. Il ne savait plus si le détachement de la police et de l'armée qui stationnait, depuis ce cri de détresse, devant son immeuble avait été dépêché pour le protéger ou, au contraire, pour décider d'une nouvelle attaque contre son retranchement. A l'entendre, tout l'espace fourmillait de revolvers et de bouches à feu pointés sur lui, de chaque angle de rue, de chaque voiture arrêtée sur la place ; fermées, toutes les boutiques cachaient des regards et des menaces.

« Que, pendant ce temps, Bernard souffrît d'affres intenses, je le sais pour avoir écouté avec attention son épouvante et l'avoir entendue clairement ; je demeure encore ému du souvenir terrible de cette nuit de vendredi, bloquée par la chute de neige et saccagée par sa solitude. Savez-vous, ajouta Jacques en souriant, que le pourcentage des gens seuls qui se suicident augmente en fin de semaine et culmine lors des fêtes, sans doute parce que la douleur de l'isolement s'y multiplie du bruit et de la joie des autres ? Au moins pour sauver leur vie, invitez donc à dîner vos voisins solitaires.

« Le supplice s'acheva lorsque je pus atteindre, à son retour chez lui, un autre ami, résident à Washington, que je pus l'instruire de cette détresse et lui demander d'appeler à son tour le médecin des urgences et un établissement psychiatrique dont je sus que les envoyés eurent le plus grand mal à persuader leur nouveau patient d'ouvrir sa porte. En criant au téléphone, je l'assurai que seule la neige la bloquait. »

Le fou et le roi

Nous croyions l'histoire achevée, lorsque Jacques reprit :

« Le drame que je relate comporte deux actes, dont, au premier abord, le second n'a aucun rapport au premier. Jugez.

« Depuis plusieurs années, j'étais lié d'amitié à un ancien entrepreneur de génie civil, riche et maintenant retiré sur ses terres d'Auvergne, du côté de la Banne-d'Ordanche ; du haut de ce piton de basalte, d'où il découvrait le Sancy, les monts Dore et, au loin, le Limousin, il tentait, immobile, face à l'horizon archaïque, de mêler son âge à celui des choses du monde. Il prétendait que, juste entre le Bien et le Mal, il y avait les Travaux publics, ce à quoi je rétorquais que la société forme un miroir où les réseaux de pouvoir se reflètent dans ceux du crime : les premiers impliquent les autres et réciproquement. Bref, j'admirais qu'il ait connu, parmi les personnages de ce temps, ceux que citent les livres d'histoire, aux chapitres concernant la politique, les arts, la littérature, le spectacle, les affaires et la finance ; il ne quitta jamais le centre du siècle et je regrettai souvent, devant lui, qu'il ne voulût pas rédiger des souvenirs qui eussent servi à une histoire vraie de notre époque. Lassé du tintamarre des bulldozers et des dîners d'affaires, il s'abîmait, sur le tard, dans le face-à-face des roches Tuilière et Sanadoire, aux colonnes d'orgue ventilées.

« Comme depuis sa jeunesse il connaissait un chef d'Etat, trop célèbre pour que je révèle son nom, et qu'à loisir il lui avait ouvert son toit, ce Président profita de la trêve d'une fête, laquelle, je ne sais plus – peut-être la Noël... sans doute même le récit qui précède se passa-t-il aussi cette nuit-là... – ni ne me souviens plus quelle année, pour s'inviter chez lui, en visite secrète et privée, sans avoir pu l'avertir longtemps auparavant. Ainsi va la conduite des grands, toujours absents lorsque le bon peuple veut les voir, mais présents soudain au moment où l'on s'y attend le moins. Effaré, l'hôte recruta quelques personnes, pour garnir sa table et meubler la conversation, pendant les quelques jours où, s'il eût dû demeurer seul avec l'illustre, un tête-à-tête long l'eût embarrassé.

« A la veille de l'arrivée de l'auguste personnage, me voilà donc, prié, sur les lieux. Au four et au moulin, les préparatifs battent son plein ; quoique nerveux, les gens montrent de la bonne humeur et les rires fusent : nous n'allons pas nous ennuyer, nous vivons des journées historiques ! Afin d'aider les uns ou les autres dans l'après-midi, je me hâte donc d'une maison à la voisine, en suivant un chemin familier, creux et ombragé, quand je vois les buissons épais qui le bordent s'agiter, bien que le vent ne souffle plus depuis l'aube ; curieux et inquiet, je m'avance avec prudence pour découvrir, stupéfait, entre les branches de buis, le canon d'une mitraillette aimablement pointé sur mon ventre. Je ne sais si je pousse quelque cri, mais deux hommes en civil, cachés derrière la haie, me dictent impérieusement de me taire.

« – Que faites-vous là ?

« – Garde rapprochée du Président, me répondent-ils.

« Et, consultant leurs fiches, ils me laissent passer

comme si le chemin leur appartenait en propre ; mais, que diable, qui de nous s'impose ici ?

« – Nombreux... ?

« – Voyez par vous-même si vous savez voir.

« Et ils reprennent leur faction derrière le buisson, non sans avoir téléphoné qu'ils ont repéré un nouveau venu, mais que tout reste sous contrôle.

« Je ne savais pas voir, en effet ; mais j'appris à mieux regarder le monde ce jour et cette nuit-là. De tous ses angles de murs, des virages de ses routes, de ses bois et de ses haies, de ses champs et de ses arbres, de ses sources et ruisseaux, tout le paysage, quadrillé avec rigueur, cachait un réseau armé dense et serré, menaçant sous les aspects riants de la paix agreste. Toutes choses devenues des causes à défendre, la géographie se changeait en histoire, la campagne en ville et le pays en récit ; ou la carte du Tendre en carte d'état-major ! Non loin de l'entrée, discrètement garée, une suite de cars de police et de camions blindés, aussi armés que des chars d'assaut, servait de dépôts et de casernes à ces messieurs, reliés en permanence par téléphone de campagne ; ils échangeaient sans cesse des messages urgents, comme si des nouvelles pressées leur parvenaient de l'univers entier. Je parie pourtant, que, quelquefois, ils doivent se passer les résultats de football ! Pis, lorsque, le soir même, sur le tard, je vis descendre des nuages, dans le tonnerre de son hélicoptère, le représentant divin du peuple, le ciel tomba sur ma tête sous la forme d'une intuition foudroyante.

« Le spectacle qui se déroulait dans les coulisses – hommes en armes derrière chaque chose, entrelacs d'appels incessants et codés, préparation au combat, soupçons portés sur tout ce qui bouge... – ne faisait que transposer, dans la vie quotidienne d'un chef d'Etat quelconque, la nuit du délire terrible de mon ami : même tragédie, à peine déplacée.

« La folie voit, rêve et parle ce que cache le pouvoir.

« Jamais je ne deviendrai un homme politique, conclut-il. Au cours de la Seconde Guerre mondiale, ma génération a vu trop de cadavres dans les fossés, le ventre ouvert, pour n'avoir pas peur de débats qui, à certains moments, virent à *ça*. Je n'avais pas treize ans que j'enterrais des amis, séparés par leur idéologie et la largeur d'une route nationale, après qu'ils eurent passé deux jours à s'entre-fusiller. Savaient-ils ce qu'ils faisaient ? J'ai dû dépasser, très jeune, la naïveté de ceux qui croient que le discours des tribuns et les analyses des journaux épuisent les passions sociales ; au péril politique, je préfère les difficultés physiques, qui font oublier le monstre qui dort caché dans le collectif ; réveillé sans crier gare, ce dragon passe au lance-flammes des existences innocentes. Je ne me relèverai jamais de ces cadavres. Les idées se transposent de mots en morts. Entre mes souvenirs d'une enfance cruelle et ce double soir de fête, la violence, source des choses individuellement folles et socialement normales, fait le lien.

« Oui, ce récit à deux registres me tint lieu longtemps de politique. Dans le délire de la nuit, mon ami décrivit de façon précise ce que je vis quelques années plus tard autour du Président : communication maintenue, haletante, attente d'une attaque probable, mais, au-dessus de tout, cette multiplicité d'hommes et d'armes celée sous le paysage par mille techniques fines de camouflage et de dissimulation. J'ai donc vu, de mes yeux vu, les métamorphoses que racontent les mythes anciens : tel homme changé en arbre et tel autre en buisson... et le basculement inverse du paysage en métropole, où chaque chose, muraille ou porte, cache des humains... et celui de la flore et de la faune en personnages : en ces moments, j'ai vécu l'âge animiste !

« Tapie derrière tout ce qui bouge, dérobée, déguisée, la violence maniaque menace, alors, les deux solitaires : en haut le dominant et le douloureux en bas. Qui juger paranoïaque, qui nommer législateur ? Vous enfermez l'un et vous élisez l'autre, alors que le fou et le roi se conduisent tous deux à l'identique : en victimes possibles. La même chose, les mêmes actes... individuels, passent pour délire, et, collectifs, pour politiques. Faut-il rire ? Oui, je vous l'ai dit, doit-on placer le crime en regard de l'organisation sociale ?

« Mais, en ces mêmes temps-là, je me racontais les récits religieux, resurgis de mon enfance. Traduisez mes deux histoires : jaloux de son pouvoir et fou d'inquiétude, le roi Hérode tue des enfants innocents et remplit le paysage de combattants en armes, de larmes et de sang. Voilà crime et pouvoir face à face. Le récit de la Noël – oui, tout cela se passa exactement à cette date – relate, alors, l'inverse de mes contes : dans un paysage d'herbages, calme et pastoral, où des anges, psalmodiant la paix, sortent de l'ombre derrière les étoiles, des bergers pauvres visitent un nouveau-né indigent dans une étable misérable. Ni puissance ni richesse, pas de mort, une naissance. Ce double récit dit-il la vérité sur le pouvoir et servirait-il de remède à la maladie mentale ? »

Lumières

[*P a y s a g e*]

Noël à Nanterre

Les yeux vifs et ronds derrière leurs lunettes d'intellectuels, Solange, Etienne et Pierre, chercheurs en physique théorique, restèrent longtemps naïfs. Leur réussite dans les sciences accentua, si possible, ce trait-là : ils croyaient le monde réel difficile, certes, mais lisse et sans roublardise, comme leur laboratoire : astucieux, oui, tricheur, pas possible.

Ils passaient, tous les jours, non loin de chez eux, par le bidonville de Nanterre, construit de carcasses de camions et d'autobus, de boîtes en carton et de planches, au nord-ouest de Paris – l'histoire se passe dix ans après la fin de la dernière guerre mondiale. Pas vraiment plus riches que les malheureux qui survivaient dans cet enfer, ils y comptaient des amis et leur apportaient quelquefois les médicaments et les vivres qu'ils pouvaient se procurer.

Un matin d'inspiration, sublime comme tant d'autres, Pierre se lança dans ce discours :

– De loin ou de près, nos spécialités tournent autour de l'électricité. Dites... et si on la posait dans la « zone » ?

Si, de jour et sous le soleil, elle prenait, parfois, des allures poétiques, accentuées par les images du cinéma néoréaliste italien, en vogue à l'époque, au contraire, quand commençaient les nuits d'hiver, sordide, puante, lamentable sous la neige noire et la pluie froide, elle virait au paysage infernal. Le projet de l'éclairer enflamma le trio. Solange mit sa jupe verte et des bas nylon pour négocier avec la Compagnie d'électricité ; Pierre se procura, auprès d'un camarade ingénieur, poteaux, rouleaux de fil, transformateurs, commutateurs, disjoncteurs, interrupteurs... Etienne travailla aux fourreaux, branchements, connexions, va-et-vient... Et l'argent ? L'entreprise dura d'autant qu'on en manquait, que nos trois théoriciens de l'électromagnétisme se perdaient par les schémas, s'empêtraient vaillamment dans les câbles et enfonçaient souvent les doigts dans les prises. Heureux pourtant, le chantier s'activa, rit beaucoup et ces multiples électrochocs soudèrent les habitants, adroits, aux trois étudiants, pataud.

Et donc, par une belle nuit de Noël : *fiat lux !* des ampoules jaillit la lumière, comme si, en travers des frontons de carton et au-dessus des planches disjointes, des étoiles s'arrêtaient. Hideux, le paysage se magnifiait. Dans ce qui passait pour des rues, même les vieillards dansaient, on avait trouvé du vin, quelqu'un joua du clairon de marine, les petites filles trépignaient... Quand l'équipe traversait le bidonville, la foule criait aux magiciens. Cette vraie popularité politique les enivra : de boy-scouts, les voilà rois.

Ils ne jouirent pas longtemps de l'état de grâce. Cinq soirs après le triomphe de Noël, Etienne vint quérir Pierre chez lui, pour l'avertir que la lumière venait de s'interrompre. Solange courut la rétablir : plombs fondus, simple accident. Cela recommença la semaine suivante. Ensuite deux fois, puis trois fois de suite, bientôt tous les jours et à toute heure. Tous trois savaient la raison des pannes, mais n'osaient interroger les usagers.

Il faut comprendre : quand les lampes éclairent les rues, bêtement, pour les passants, pourquoi ne pas amener les fils chez soi ? Multiplier les ampoules, volées çà et là ? Ensuite aménager une sorte de cuisine en déménageant de la décharge publique voisine quelque carcasse de vieille cuisinière électrique à deux plaques ? Etablir une radio et le chauffage ?... Dès que l'un, ainsi, mange cuit et se lave, le voisin l'envie et l'imite aussitôt. Non seulement le bidonville changea, mais il accéda vite à des techniques ménagères qui firent de l'enfer un habitat moins inacceptable. Les trois rois avaient montré comment se tirer du noir ; les misérables couraient librement vers un monde plus doux, presque vivable, et l'amélioraient de mille astuces.

Mais le circuit disjonctait en permanence. Pis, les habitants se cachaient désormais, puisqu'ils savaient tous qu'ils trichaient en se branchant sur le réseau, sans payer ; ils devinèrent vite, hostiles, que le trio les surveillait : début de la police, déclin de la monarchie éclairée.

Lynchage

Le comble de l'histoire commence dans les services de la Compagnie d'électricité. Dès qu'il apprend les malversations, le responsable local, qui, bon garçon, n'a pas hésité à aider les débuts de l'entreprise, convoque les trois archanges et, furieux, s'irrite du train pris par l'aventure.

– Les risques d'incendie croissent dans tout le quartier, tonne-t-il.

– Avec quelle probabilité ? questionne Pierre, timide, tout prêt à la calculer.

– Vous vous foutez de moi ? Ces cartons brûleront comme des allumettes. Aux premières flammes, piégés dans le labyrinthe, les habitants mourront grillés. Voulez-vous cent morts ? Je vous tiens pour responsables... non, je coupe !

Le patron hésite entre le mépris pour ces imbéciles et la colère induite par la crainte du sinistre. Il explose.

Etienne et ses amis parcourent la « zone » en tous sens, redoublent de vigilance, ordonnent de cesser les branchements, suppriment quelques appareils, obligent à les montrer, à les compter, déconnectent nombre de montages ; sinon, il faut payer ! Leurs perquisitions d'inspecteurs tracassiers ne rencontrent que des ennemis.

– L'éclairage favorise les mouchards, crie-t-on contre eux dans les rues.

Des groupes se forment devant leur passage, murmurent, grondent et font barrage.

Le lundi d'après cette convocation, la Compagnie coupe le courant sur le réseau. Après l'âge des lumières s'étend l'ombre, de nouveau. Adieu chaleur, repas chauds, visages rasés, enfants lavés à l'eau tiède, linge blanc... Ceux qui goûtaient, de loin, aux bienfaits de la technique et de la science retombent, encore plus bas qu'auparavant, dans le froid, l'obscurité, la saleté puante, l'humidité glacée, dans la plus atroce des misères puisque le malheur croît d'avoir connu un monde meilleur.

– Moutons, donneurs, salope, cafards...

Le soir de l'Epiphanie, les trois rois, passant par là, échappèrent de peu au massacre des innocents.

Feux

[RÉCIT]

Ève pauvre

Née parmi les roseaux et les peupliers, dans le confluent du Lot et de Garonne, d'une famille d'ouvriers agricoles, Eve marche en galoches, court les chemins de terre pour aller à l'école, a eu faim, parfois, surtout pendant la dernière guerre, mérite les éloges de l'instituteur pour ses cahiers propres et ses problèmes résolus, répand le fumier aux champs, rame la vigne, trait les deux vaches, nourrit le cochon, donne du grain aux canards et aux poules, ramasse les œufs, fait la lessive, la couture et la cuisine, bref, prend la vie au sérieux, baisse les yeux et travaille. Son corps a toujours su combien ont souffert ses ancêtres ; elle n'a pas d'histoire et ne veut pas en avoir.

Tout à coup, à dix-huit ans, tombent sur elle la foudre, les éclairs, le soleil et les étoiles, tous les événements du ciel ensemble. Car, du jour au lendemain, éclate dans l'ovale de son visage, sur ses épaules, autour de sa poitrine et de sa taille, le long de ses cheveux et de ses jambes, une surnaturelle beauté, comme si de toute sa chair neuve émanait, sortait, naissait ou apparaissait une déesse ; jamais une adolescente ordinaire n'accoucha aussi soudainement d'une femme aussi parfaite. Désormais, lorsqu'elle entre dans une salle, dans un groupe, n'importe où, dans le village même, tout le monde, femme ou homme, enfant ou vieillard, ne regarde plus qu'elle, dont le corps et les yeux transportent autour d'eux une auréole si lumineuse et brillante que, tangible, elle bouscule tout sur son passage. Fascinés, tous s'immobilisent autour de ses gestes, de son port, de sa parole. Foudroyante apothéose de la grâce.

Dans sa vie et celle de sa famille, tout change. La maison solitaire devient, brusquement, le rendez-vous des voitures et des riches ; les visites commencent et se multiplient ; affluent les demandes en mariage ; pleuvent les cadeaux ; les invitations ne cessent pas ; éperdus, ses parents ne savent pas se conduire en présence de ces gens, venus d'un monde étrange et parlant une autre langue ; on la réclame à la mairie, à la préfecture, chez les chirurgiens et les industriels, pour les fêtes, les loteries et les bals costumés ; le député, le sénateur même viennent la voir à la ferme ; ils l'invitent à Paris, à l'occasion du Salon de l'agriculture ; le curé même lui conseille d'accepter ; elle passe dix jours dans la capitale, où la chose imprévisible recommence ; entourée, fêtée, choyée, demandée encore en mariage par des inconnus aux noms retentissants... elle promet de revenir. Elle y retourne, en effet, y trouve un travail et s'expatrie, enfin, sans que rien change. Marginale et isolée, naguère, la voilà toujours au centre. Même à l'Elysée, au cours de réceptions, même dans les ambassades. En un an, elle passe des galoches aux colliers de perles et de la toile écrue aux robes de soie.

Elle triomphe quelques saisons. A vingt-trois ans, elle disparaît ; nul n'entend plus parler d'elle.

*

Né non loin de la métairie d'Eve, Maurice Lasalle n'aurait jamais connu le mot de cette histoire, si, devenu chirurgien, il n'avait opéré, à l'âge de quarante ans passés, dans les faubourgs de Calcutta où les

Médecins sans frontières collaborent avec un groupe d'ATD Quart Monde.

Assis sur la rive droite du Hooghly, un matin, peu après son arrivée, il y observe les rites, pour lui nouveaux, de la crémation. Il s'émerveille de la vitesse à laquelle, au milieu du foyer, les chairs du cadavre brûlent quoique faites d'eau, et du peu de volume des cendres restantes, entraînées dans le courant, un peu dormant dans ces zones proches du delta. Le changement d'usage dans le traitement des morts remplit la tête de songes. Au moins sa naissance sur les bords d'un fleuve lui a-t-elle appris que, vivace ou dormant, le corps sait s'abandonner à la descente aqueuse et se glisser de toute sa souplesse dans la chevelure mouvante du courant vif ; au moins a-t-il assez nagé pour ne plus distinguer entre les réseaux de ses vaisseaux et les filets d'eau qui se dispersent et se distribuent entre les rives. Pendant qu'en tourbillonnant sur la rivière funéraire descendent les couronnes et les fleurs en même temps que les brandons fumants et les poussières noires, le médecin médite, le collier de barbe entre les doigts.

Tout à coup, il se sent touché à l'épaule.

– Docteur Lasalle ? dit une voix féminine pleine et basse, en français.

– Oui, répond-il en se retournant vers un visage entre deux âges, évidemment tiré par la fatigue de veilles fréquentes.

– Nous aurions besoin de vous, vite...

– Pourquoi ?

– Une urgence.

– De quoi s'agit-il ?

– De l'intestin : une invagination iléo-iléale.

– Je vois. Je viens tout de suite.

En hâte, il déplie sa haute taille et suit la femme dans le dédale odorant et bousculé des rues.

Il faut intervenir, en effet. Maurice entre dans ce

que l'on appelle, pompeusement, la salle d'opération. Il se déshabille, se lave les mains, enfile une blouse verte, bonnet, masque et gants, pour se mettre au travail. La même femme l'assiste, dans le plus grand silence, en lui passant les instruments, dont, visiblement, elle a la pratique.

– Chirurgienne, aussi ?

– Obstétricienne, dit-elle.

Suroccupés, les jours passent. Montant comme une marée, la misère envahit de son flux irrésistible les actes et les jours. Et tout à coup, elle vous tient prisonnier, comme l'Inde, aussi, sait le faire. Comment se délivrer de cet univers complexe, raffiné, puant, superbe, atroce, luxuriant, où les hommes et la société embrassent une envergure d'existence plus large que partout ailleurs, de l'ordure et des plaies purulentes à la richesse odieusement étalée, au détachement et à l'extase aussi ? Comment sortir d'une vie si débordante, si proliférante, si pullulante qu'empiétant partout, elle paraît n'avoir pas d'extérieur ? Nous pouvons, ici, nous évader, nous retirer, parce que l'Occident vit sur des bandes étroites ; là, menace l'engloutissement.

– Pas d'arrêt, pas le temps de souffler, dit-il.

– Voilà pourquoi nous prions : pour nous donner de l'air, répond-elle.

Ils se sont retrouvés, deux mois plus tard, dans la même salle d'opération, après une césarienne, où, à son tour, il vient de l'assister.

– Mais, dit Maurice, en riant, n'auriez-vous pas l'accent du Sud-Ouest, par hasard ?

– Croyez-vous ? s'exclame-t-elle.

Tout ravis de la rencontre, ils se racontent la Gascogne et découvrent, stupéfaits, que leurs parents habitent à moins de quatre kilomètres les uns des autres ;

que, décalés de quinze ans, ils ne se virent ni à l'école ni au bal ; qu'ils connaissent pourtant des personnes communes et les mêmes bavardages de clocher ; une nostalgie cotonneuse les prend.

Eve, songe-t-il, revenu dans son gourbi, le soir. Il se souvient, en effet ! Eve Larré, mais bien sûr ! Son histoire se racontait, voici déjà vingt ans, dans les chaumières, comme une romance rose ou un récit de pacotille : Cendrillon devenue reine, la voilà donc revenue. Et il rit en s'endormant, d'avoir retrouvé l'héroïne rurale. Que s'est-il passé, pour qu'elle abandonne une carrière ainsi commencée ? Quel mystère !

Pendant un certain temps, il ne la revoit pas ; elle a dû partir pour une lointaine banlieue. Une épidémie, dit-on.

Toujours dans la même salle, ils se retrouvent, un an plus tard, après une autre opération : une fracture de hanche. Accroupis devant une bassine, ils se lavent les mains, enlèvent les masques et s'assoient pour souffler. Quand Maurice pose sa question, elle lui confie, en souriant :

– Mystère ? Mais non !

– N'avez-vous pas délaissé la fortune et la gloire ?

– Quelle gloire ? J'ai choisi ma route, voilà tout.

– Mais pourquoi ?

– Pourquoi venez-vous ici, Maurice ?

– ...

Elle sourit et réfléchit visiblement pendant qu'elle parle.

– Avez-vous remarqué, sur le visage de vos semblables, une curieuse stabilité ? Les mêmes qui me méprisaient naguère, lorsque je traînais mes galoches dans la boue, m'invitaient ou me complimentaient, sous les lustres et les fleurs, sans changer d'expression ni de traits : une sorte de convulsion sotte y changeait la hauteur en bassesse, où l'obéissance ressemble au commandement. Je devinais que la réussite présente l'autre face de la honte et que la société, plate, ne se soumet qu'à une force, celle de la dominance : celle-ci m'entraînait au pinacle, comme elle m'aurait précipitée, avec la même indifférence, le lendemain matin, aux ordures de l'avant-veille. Rien de bien nouveau dans ses chambardements.

– Blasée, si vite ?

– Non, pas vraiment. Que celui-ci dirige et celui-là se soumette, tous deux ne font qu'obéir, comme des esclaves répugnants, à la loi de dominance.

– Comment sortir de l'impasse ?

– Oui, se délivrer de ces deux esclavages... Les triomphes me dégoûtèrent vite parce que, plus on accède en haut de la hiérarchie, plus on approche des puissances du Mal...

– Notre ascendance cathare ?

– Qui sait ? On y voit de plus près, jusqu'à les toucher, les forces qui fabriquent la misère, la faim, la faiblesse et la vergogne, le crime même si nécessaire à la puissance...

– Quel pessimisme !

– Non, Maurice, mais seulement la douce et souveraine mélancolie que donne la réalité vue de face.

Devant ses yeux elle lève le dos de la main.

– Qui la devine vraiment ?

– Ceux qui vécurent très bas. Lorsqu'il court vent arrière, un bateau ne sent jamais la brise ; de même, nul ne voit ce dont il profite. Au contraire, de face, le même vent, même force et même direction, vous tire des larmes.

– Mais, justement, vous aviez grimpé les marches...

– Non, je voyais, en plus gros mais à l'envers, ce dont je m'étais aperçue de loin. Ne rencontrent les vraies nouvelles du monde et de la société que ceux qui voyagent, non comme touristes ou observateurs, mais par leur travail et leur destin... de tel lieu ailleurs et d'un homme à tout autre...

– De Garonne au Hooghly ?

– Ou de la porcherie à la Présidence.

– Aller-retour ?

– Sans doute. Alors, pour monter absolument, j'ai préféré descendre, ici même, dans l'enfer de ces mouroirs éternitaires, plutôt qu'accéder à des comédies répétitives, temporaires, hypocrites, cruelles, que l'on appelle l'histoire, en Occident.

– Eve, vous quittez la vie, puisque vous refusez les passions normales !

– Non, au contraire, j'aime le réel et non le carton-pâte. Et puis, tomber, chuter, remonter, descendre, se relever, arriver, quels cauchemars ! A quoi bon ces ascenseurs, alors que nous sommes tous des pauvres ?

– Est-ce votre définition de l'humain ?

– Oui. Les faux dieux de la richesse, de la puissance et de la gloire tuent et mentent.

– Croyez-vous, alors, dans un vrai Dieu ? interroge-t-il brusquement.

Comme par pudeur, elle détourne lentement le visage, creusé de rides et de fatigue, et il la voit alors, pour la première fois, de profil, le dos un peu incliné, le regard horizontal, les coudes sur les genoux, avec sa longue robe bleue et le voile marron sur ses cheveux roux, les mains, déjà noueuses, unies et allongées, il la voit, oui, comme il ne l'avait encore jamais vue, comme une apparition primordiale, environnée de lumière, éclatante mais douce, plus magnifique si possible que naguère dans sa fleur.

Course à l'allumette

Selon que vous allez vers l'est ou vers l'ouest, à Denver commencent la plaine ou la montagne ; ville émouvante, en vérité, d'où l'on voit, d'ici ou de là, se déployer, à perte de vue, la Prairie, sublime, ou, en se retournant, s'élever les premières Rocheuses, terribles : toutes deux face à la route.

La route ! Roland pense n'avoir jamais connu qu'elle. Avait-il vraiment fui ? Fâché avec son père et ses frères, il avait quitté brusquement la petite entreprise familiale, à Belfort, pour tenter fortune dans le faubourg Saint-Antoine, à Paris, toujours dans les meubles, puisque ses ancêtres l'avaient formé à l'ébénisterie. Entré, par la suite, dans la banque, celle où il travaillait l'avait alors nommé à Rennes, en Bretagne, puis aux Sables-d'Olonne, où il avait rencontré un stagiaire québécois, qui lui avait vanté l'hiver de Montréal. Départ pour le Canada, de là bifurcation brusque vers Boston. Après trois ans de finances en Nouvelle-Angleterre, deux autres suivirent à Chicago, sur le lac Michigan. Dans les grands froids du Minnesota, il a fondé ensuite sa propre entreprise informatique ; il installe, maintenant, une succursale dans le Colorado, à Boulder, avant de repartir pour Sacramento, en Californie. Roland pense déjà au Japon.

– Ma vie suit le sens de l'histoire, dit-il en riant.

Chacun raconte la sienne, à Denver, justement, à la fin d'une réunion de développeurs de logiciels.

L'une d'eux, Helen Soucy, dit descendre, quant à elle, de trappeurs québécois et s'essaie à dire quelques mots en français. Quand ils sortent des bureaux, des flocons de neige, épars, volent, comme des pétales, dans le vent. Helen ramène Roland à son hôtel.

– Que faites-vous, cette fin de semaine ? demande-t-elle.

– Je ne sais... pas grand-chose, vraiment...

– Si vous n'avez rien de mieux à faire, venez donc dîner à la maison. J'ai invité les gens que vous avez rencontrés, à la réunion, plus deux ou trois voisins sympathiques. Nous essaierons de retrouver l'ambiance des bords du Saint-Laurent !

Elle dit ces derniers mots à la québécoise, avec le merveilleux accent joual, plein de charme et de rocailles. D'Helen, brune, pâle, mince et fine, émane certaine nostalgie, d'où vient le charme qui traîne autour de son allure ; malgré cela, directe et brusque, elle ne fait pas d'histoires. Roland, plus timide, accepte et la regarde s'éloigner, langoureusement.

Ainsi le lendemain au soir se retrouvent-ils, à plus de dix, autour d'un cochon de lait que le mari d'Helen a fait rôtir lui-même. Le museau du porc étincelle au milieu des chandelles, car pour la magie de leur lumière, on a éteint l'électricité. La bière coule à flots et commencent les chansons.

Or, en Amérique, du Nord comme du Sud, il arrive toujours un moment où la conversation, quand elle prend, vire à l'histoire du voyage des parents ; alors, chacun décline sa généalogie, d'Irlande ou d'Ecosse, de Naples ou d'Izmir, des Philippines ou d'Haïti... des Hurons ou des Sioux quelquefois. Le plus souvent reprend la grande dérive de l'Est à l'Ouest, dont le flux, récent, sert à ces pays d'épopée fondatrice. Autour de minuit, quinze peuples errants, et autant de religions, parfois, parlent par la bouche, éméchée, des invités. Ce mélange engendre une mélancolie spéciale, venue de l'accord secret dont conviennent ensemble ceux dont les mères et les pères, exclus, souffrirent l'expulsion. Mais à quoi bon toutes ces douleurs, puisque nous finissons par vivre côte à côte ?

De plus, ces voyages donnent lieu à une course. La compétition commence : qui arriva premier aux Rocheuses ? Et auparavant : aux Grands Lacs ? En Californie, ensuite ? Au Donner Pass ? A la vallée de la Mort ? Au Pacifique ? La route ! Nous n'avons connu qu'elle.

– Monsieur le Français, avez-vous jamais entendu parler du marquis de Lahontan ?

La question vient du doyen de l'assemblée, John Quayne, ancien professeur d'ingénierie à Madison, Wisconsin, désormais retiré des mondes académiques et enrichi par le *capital venture* qu'il a intelligemment appliqué aux industries nouvelles. Longue sous les cheveux blancs, sa tête porte des lunettes d'acier qui lancent des reflets d'argent à la lueur des bougies ; sur ses larges épaules, un chandail bleu à col roulé paraît souligner, de son dessin jacquard, ses paroles rares mais fortes. On ne l'a pas encore entendu de la soirée. Toutes les oreilles se tournent vers lui.

– Jamais de la vie, cher John.

– Son histoire date des premières années du XVIIIe siècle. Parti du sud-ouest de la France, de Condom précisément, ville et nom auxquels nous devons notre santé présente, il s'engage dans les chevau-légers : étroite et infertile, la terre de ses pères ne produit que misère.

– Une sorte de d'Artagnan ?

– A peu près.

– Alors, son nom sonne comme le doublet, en langue d'oc, de La Fontaine. Savez-vous, de même, que le mot « cabriolet » vient du sud de la France, alors que le nom de « chevrolet », venu du nord et de langue d'oïl, répète la chèvre, qui se dit « cabrit », en Gascogne ?

– Voilà donc notre gentilhomme gascon caracolant sans voiture du côté du Louvre, impatient, piaffant, reniflant l'aventure, de quelque côté qu'elle vienne, politique, amoureuse, religieuse, pourquoi pas ? Une fois passés dix amourettes et deux duels, devenu lieutenant, il traîne toujours le pavé, lorsqu'il apprend que tel amiral de la haute noblesse recrute pour la traversée d'Amérique. Comme il a sur le dos deux ou trois maris cocus et puissants, il s'embarque en hâte et disparaît des quais de Paris. Parvenu dans les forts du Québec, il se signale, déjà, par sa turbulence et son indiscipline, jusqu'à ce que, fatigués de lui, ses chefs s'en séparent, en l'expédiant à Sault-Sainte-Marie, le poste, alors, le plus avancé vers l'ouest. On n'y accédait, à l'époque, qu'à la pagaie, par le Saint-Laurent et les Grands Lacs, le chemin héroïque, ordinaire et glacé, des trappeurs québécois, dont les échanges commerciaux avec les Indiens du centre fournissaient l'Europe riche en fourrures du Grand Nord.

– Par la Compagnie des Indes ?

– Oui. J'ai connu, à Paris, le dernier de ses héritiers ! Gigantesque, la fortune de cette entreprise séculaire était investie dans l'immobilier, au centre des grandes capitales. Répartis de Sydney à San Francisco, elle possédait cent immeubles à Istanbul, New Delhi, Moscou, Vienne ou Hambourg. Et, calmement, les successeurs mangèrent un immeuble par génération. Cela dura jusqu'à aujourd'hui même, où cette personne, rentière à Paris, dévore l'ultime sou des fourrures, devenues des pierres, puis son pain, sans compter le caviar. Elle aime ironiser à voir ses enfants se remettre à travailler. Cela ne se fait plus dans la famille depuis trente décennies. Naïve, elle s'émerveille de la nouveauté.

– Vous avez laissé ce Lahontan, dans son kayak, au beau milieu du lac Supérieur.

– Le voilà donc enfermé dans le fort de Sault-Sainte-Marie, dans le froid et l'ennui de la garnison. Bloqué par un environnement que chacun déclare ennemi, le marquis ne peut aller que de Marquette à Saint-Ignace. Lors de quelques sorties, par bonheur, il rencontre des Indiens et sympathise avec eux, je ne dirais pas qu'il ne couchote pas, ici ou là, avec de belles naturelles... d'où, de nouveau, des ennuis... mais on ne change pas une nature qui va...

– Je parie qu'il va partir, encore...

– Gagné ! Prenant vite ombrage de ses rapports avec les Hurons, ses supérieurs le morigènent puis l'enferment ; le voilà sous les verrous, en forteresse, brûlant d'énervement et d'ire. A la fin de sa peine, libéré depuis quatre jours, il s'échappe du fortin, trop petit pour lui, et entreprend alors le plus formidable voyage de tous les temps sur ce continent.

– Jamais entendu parler.

– Nous ne savons jamais les choses qui importent.

– Allons donc !

– Mais si ! Le petit marquis, ci-devant lieutenant dégradé, part donc, en compagnie de trois amis indiens qui lui servent de guides d'abord, de traducteurs aussi et surtout d'initiateurs à la vie de la Prairie, et se dirige droit vers l'ouest, où, de tribu en tribu, ses accompagnateurs se relaient. Quelle route, messeigneurs ! Le premier à Denver, c'est ce Lahontan inconnu ; le premier aux Rocheuses, par-delà les plaines, lui encore ; le premier au Pacifique, passé montagnes et cols, lui toujours.

– Mais comment le savez-vous ?

– Nous avons la relation écrite du voyage.

– Qui l'a lue ?

– Tout le monde à l'époque et Jean-Jacques Rousseau notamment, qui y copia son portrait du bon sauvage, non dénaturé par la civilisation. Dans ce merveilleux naturel, voyez un Indien déjà décrit par Lahontan.

– Comment le connaît-on si peu ?

– Pour deux raisons : on ne croit jamais un homme du Midi sur parole et donc tous prirent son journal pour un tissu de mensonges, au moins d'exagérations ; la même aventure était arrivée, deux millénaires auparavant, à Pythéas de Marseille qui, parti de Gibraltar, débarqua le premier à Ouessant, en Irlande et en Ecosse, passa le Scagerrat et vit la Finlande... Nul ne crut aux paysages dont il témoigna. En raison de leur accent, qui croirait Gascons ou Marseillais ? La deuxième tient au vol : lorsque Rousseau dit quelque chose, il tue de sa notoriété la source qui l'inspire. Nous préférons toujours les grands hommes aux petits, même si les premiers mentent et si les seconds disent la vérité.

– Et que vit-il donc ?

– Un paysage que nous ne voyons plus, depuis que nous vivons ici même. Une Prairie dont nous ne connaissons plus les herbes ; des montagnes solitaires, nos Rocheuses aux cols neigeux et aux vallées de séquoias géants ; quelques déserts : ceux de l'actuel Utah, y compris son lac Salé, plus la dépression sous le niveau de la mer que nous nommons vallée de la Mort ; la plaine fertile de Californie, avec ses premières missions franciscaines ; un mystérieux océan froid sous la chaleur du soleil... Savez-vous qu'un grand demi-siècle après lui, La Pérouse découvre une crique sur le même littoral, mais plus au nord, et note, dans son journal de bord, que son vaisseau n'y peut pénétrer, parce qu'elle est pleine de baleines ? Lahontan, quant à lui, voit ces paysages, dont nous n'avions pas encore fait nos esclaves flagellés, sans nul romantisme : plutôt comme un paradis de chasse, puisque mille et une espèces, inconnues de lui, fuient devant son avancée.

– Et le bon sauvage ?

– Vous voyez bien que vos questions ne viennent plus que de Rousseau. Pauvre Lahontan ! Il raconte, par exemple, les mœurs sexuelles de certaines tribus.

– Sexuelles ?

– Erotiques, amoureuses, si vous voulez.

– Oh ! Dites !

– Mais très volontiers.

L'assistance, qui n'écoutait que distraitement, se concentre. Le silence s'établit.

– Vous savez par expérience qu'une difficulté, dans les rapports entre sexes, vient de la culture ou de la tradition, qui imposent une préséance : qui doit se déclarer le premier, l'homme ou la femme ?

– L'homme, bien sûr.

– Non, la femme.

– Vous la voyez bien, la bouteille à l'encre !

– Elle dépend de la force du désir dont la composante opposée rend d'autant plus timide ; ainsi celui qui aime le plus peut le moins parler.

– Donc cela ne dépend pas des cultures.

– Ni du sexe.

– Arrêtez cette chamaille, au moins ce soir. Parvenu au milieu de la route, dans une tribu importante du premier Ouest, au pied des montagnes, mais tiens, j'y pense, ici même, Lahontan raconte une cérémonie dite course à l'allumette, qui règle ces relations. Supposons que Paul aime Jessie qui n'a rien laissé transpirer de ses intentions. Que doit-il faire ? Attendre un soir et la nuit close pour se diriger vers la hutte où elle repose. Dès l'adolescence, en effet, indépendantes de leur famille, les jeunes filles vivent, là, dans leur propre réduit, en une liberté qui séduisit Lahontan. Tenant en main une allumette – dans le journal, on lit ce mot, où je vois, quant à moi, une torche, plutôt –,

Paul, donc, frappe à la porte. Jessie, au lit, l'invite à entrer. Assis au pied de la couche, Paul, alors, se met à parler ; il se doit de raconter des nouvelles palpitantes... Elle écoute et interroge ; ils dialoguent ; la conversation dure ce qu'elle peut durer, parmi nous, ce soir, au gré du plaisir, cinq minutes ou des heures, selon. L'allumette ou torche éclaire et illumine doucement les visages qui s'entretiennent, animés ou ennuyés.

– Par pitié, pas de description inutile ; de l'action !

– Alors, de deux choses l'une : ou l'aimée ne bouge pas, et, au bout d'un certain temps, Paul doit se savoir éconduit, et il ressort, le cœur lourd, titubant et cherchant peut-être à qui Jessie le sacrifie ; ou, soudain, d'un souffle de sa bouche, elle éteint la flamme. Ce faisant, elle couronne le désir de l'amoureux. Le deuxième acte de la représentation se déroule dans le noir.

Pour donner vie à ses paroles et sans apparente attention à ce qu'il fait, entraîné par son récit, John Quayne a saisi de la main gauche, sur la table, une bougie en face de lui et la tient brandie, pendant que nul n'a vu Helen se lever, de l'autre côté, faire le tour de la salle dans le dos des invités, lente, posée, calme, sûre d'elle et de ses pas, puis, ses doigts longs posés sur le dossier de la chaise voisine, attendre le moment même où le récit et Jessie font le bonheur de Paul, pour prendre, alors, une respiration profonde et d'un souffle, fort, éteindre, d'un coup, la chandelle du conteur.

Son mari la dévisage et les invités regardent son mari, sauf Roland, dont les yeux, étincelants de jalousie, derrière une autre bougie toujours flambante sur la table, fusillent le récitant.

Océans

[RÉCIT]

Où naviguons-nous ?

Ah ! les paquebots... Toute une culture disparue ! Passages brefs, d'Alger à Marseille ou de Bordeaux à Dakar ; moyen-courriers, du Havre à New York, par l'Angleterre ; au long cours, vers Madagascar et la Réunion, coques noires, ou vers l'Indochine, coques blanches... Raymond Fauvet avait navigué sur ces lignes et regrettait d'avoir manqué celles d'Amérique du Sud, vers Montevideo et Buenos Aires, ou vers l'Océanie, par Panama, et l'Australie, par Bonne-Espérance... Mais, çà et là, dans les ports, il avait rencontré mille amis de mer sur les paquebots italiens, russes, allemands ou anglais, chacun avec son style et les particularités de l'armateur et du parcours. Ah ! les routes disparues...

Maison, île et ville à la fois, le paquebot donne au passager – quelquefois même au pauvre émigrant – un volume de vie tel qu'il n'en a connu et n'en connaîtra jamais de meilleur nulle part. Le corps découvre une liberté allègre en même temps que l'inquiétude d'un enfermement long dans l'espace des rambardes. Oui, quelle rue vaut une coursive et quelle plage un pont, quel autel vaut une passerelle ? Inversement, du côté sinistre de la même pièce, les marins se souviennent de ce *Leviathan*, dont la carcasse révéla, lorsque les Anglais le mirent à la casse après plus de vingt années de service, comme câblier, sur l'Atlantique Nord, deux cadavres d'ouvriers riveteurs, enfermés dans la double coque d'acier au moment de sa construction. De même que les villes saintes et les temples se fondent sur des morts, de même ces vaisseaux, tout aussi sacrés, enracinent dans le sacrifice leur volume sanctifié. Les amis morutiers de Raymond haïssaient les « cunarders » transatlantiques : le fameux *Ruban bleu* se conquit moins contre les compagnies concurrentes que sur les petits bateaux de pêcheurs, victimes éperonnées par ces géants, à vitesse aveugle au milieu de la brume, sur les bancs de Miquelon et Terre-Neuve... atroce enfer social sous le paradis où trône le dominateur.

Or donc, dès l'embarquement, les passagers se disposaient à passer un temps donné ensemble, trop bref ou interminable suivant les rencontres de la traversée, durée retranchée de l'ordinaire, consacrée à des minuties nécessaires : voir la mer, se changer pour passer à table, aller voir la mer, jouer aux cartes ou du piano, danser, flirter, raconter des histoires, aller voir la mer encore... sans qu'interviennent les traverses usuelles de la vie. Raymond Fauvet avait connu le ciel, non sur terre, comme on dit, mais au milieu de l'Atlantique ou de l'Indien, car comment nommer ces quelques jours passés à rire et à se réjouir dans un groupe impromptu où chacun a juré d'accroître ses plaisirs en améliorant ceux des proches ? Il se souvenait d'avoir occupé une cabine voisine de celle où Yehudi Menuhin enchantait ses matins de Saint-Saëns et de Ravel ; à force de tangos et de valses, pendant la nuit, d'avoir oublié, aussi, où se trouvaient sa chambre et sa couchette ! Comment, à l'inverse, appeler, désormais, les vols entre continents que les compagnies aériennes imposent aux nouveaux esclaves de l'argent, rangés serrés, genoux tassés contre dos comprimés, privés du droit de voir quiconque, traversées puantes et rapides payées par une nourriture immonde et un décalage horaire dont la douleur dure plus longtemps, parfois, que l'ancien voyage par bateau ? Eden sur l'eau et géhenne en l'air. Oui, si quelque génie lui proposait de revivre des instants bénis de sa vie, Raymond choisirait, après les moments de la grâce d'amour, le milieu de l'Atlantique Nord, aux lames sauvages et aux bancs de brume gris, le passage de nuit sous le Stromboli, cône sombre, le rayon vert, le soir sur la mer Rouge, l'extase des crépuscules équatoriaux, les glaciers du Spitzberg, la pointe de Guardafui, la nuée de poissons volants sous le jaillissement de l'étrave, la pointe du mât qui tisonne les nuages de Magellan... Ah ! les paquebots !

Sommeillant sur sa bannette, Raymond se plongeait avec délices dans le volume vert ou bleu selon que le roulis, amphibie, dévoilait le ciel ou la mer, dauphins et mouettes, en gommant la ligne médiane de l'horizon humain. Sous son hublot, envahi de voyageurs assis à même le caillebotis, le pont se couvrait de soleil ou d'ombre. Quelle chance d'avoir obtenu un billet de la bonne classe, avec cabine et couchette ! Parmi la foule, il aperçut, entre rambarde et muraille, un matelot, dont il ne pouvait lire, de loin, le nom du bâtiment, sous le pompon rouge. Faisant pivoter la glace, il le héla. S'approchant, l'autre répondit que, marin-pêcheur dans le civil et terre-neuvas, il venait des remorqueurs de haute mer ; tous deux se mirent à bavarder, comme le font, d'un balcon à la rue, les voisins d'une même famille ; de temps en temps, Raymond lui glissait cigarettes ou canon de bière, qu'il commandait au steward et le matelot riait, en disant que lui aussi avait de la chance de rencontrer là, au milieu de ces biffins, un homme de mer. Ils parlèrent de la guerre d'Algérie.

Mais ils durent se quitter dès que le compagnon de cabine entra pour se reposer, en demandant que l'on veuille bien fermer le hublot. Courtoisement, Raymond se présenta et lui proposa de choisir la couchette, la basse ou la haute, à sa préférence. L'autre répondit en monosyllabes dans sa barbe et s'empressa de s'étendre, après avoir bu un grand verre de cognac, pour tenter de calmer quelque visible nausée.

Enchanteresse, la nuit passa, chahutée par une bonne brise. D'Oran vers le golfe du Lion, les parages des Baléares se font, en hiver, souvent inhospitaliers. A travers la houle courte, le bateau passe sur plusieurs lames à la fois, avec le son râpeux d'un camion qui racle du ventre des tas de cailloux.

– Pour une fois que nous naviguons sans devoir faire le quart, se dit Raymond, riant et ravi, en se couchant, dormons notre soûl, à la santé du capitaine ! Et, vous autres, réveillez-moi si j'ai soif !

Comme le voisin avait pris la bannette du bas, son mal de mer ne gêna pas le sommeil angélique de l'officier de marine. Le lendemain, revenu à la cabine après un somptueux petit-déjeuner, l'un proposa doucement à l'autre, encore étendu, de lui porter boisson chaude ou remontant, attendu que celui-ci s'était fardé pendant la nuit d'un riche cosmétique émeraude, vert profond et sombre, barré çà et là de quelques filets jaunes : la bile et autres fluides âcres de l'âme et de ses glandes s'étalaient sur son visage, comme une petite jalousie. L'offrande n'attira que râles et gémissements.

Raymond alla donc rejoindre son marin-pêcheur sur le pont-promenade où ils rirent de récits maritimes tout le reste de la traversée, sans manquer de boire les canons d'usage, jusqu'en vue du château d'If. Comme une voiture de la marine devait l'attendre sur le quai, à Marseille, et qu'il devait donc endosser l'uniforme, l'officier quitta le matelot et rentra se rhabiller. Pendant qu'il retirait sa valise de l'armoire, le voisin, debout, paraissait se requinquer un peu. Raymond lui fit quelques encouragements. Au moment où la veste à galons parut hors du portemanteau, l'autre, soudain, explosa :

– Nom d'un chien, vous faites donc partie de ces imbéciles !

– Pardon ?

– Oui, je dis bien, de ces marins stupides qui n'entendent rien à rien.

– Il m'arrive, en effet, de ne pas tout comprendre, répondit Raymond, très calme.

Devant toute attaque rude, il se réfugiait dans l'ironie froide.

– Vous, au moins, vous l'avouez.

– Certes, mon intelligence connaît ses limites. Et la vôtre ?

– J'arrive de Mers el-Kébir et d'Alger ; oui, je peux le dire, la Royale m'en a fait baver. Je la déteste.

– Très honoré.

– Quand donc comprendrez-vous que le monde moderne, jeune, nouveau, celui qui va de l'avant, c'est nous, c'est mon métier, c'est moi !

– Certes, à vingt-huit ans, je porte déjà mon âge : désuet ou gâteux, vous avez le choix.

– Arrêtez de persifler, je parle sérieusement ! Aussi vrai que je m'appelle Paul Girardin, grand reporter pour le magasine *P...*, Jean Gaudissart, mon assistant, Walter Rozitti, photographe, et moi tentons, depuis deux semaines, d'obtenir des informations sur les missions de la marine en Algérie ; or, sur tous les bâtiments, bouche cousue. Vous croyez que c'est une vie, ça ?

– Je vous plains, en effet.

– Je ne crois pas un mot de vos regrets ; je vous hais.

– L'état de guerre contraint les soldats de toutes

armes à une obligation de réserve ; mieux, de silence : grandeur et servitude militaires.

Entrant dans la darse de Marseille, le paquebot donnait de sa sirène profonde. L'équipage traînait les aussières sur le pont et les passagers, déjà oublieux du monde spécial de la mer, se délivraient des cabines ; les chaînes sonnaient, les portes claquaient, un piétinement ébranlait la coursive.

– Dites, comment faire mon métier ?

– Vous devez savoir résoudre ce problème. Beaucoup, avant vous, ont répondu à la question, depuis l'*Iliade* et la *Chanson de Roland*.

– Je ne m'appelle pas Homère.

– Vous avez de la chance : il était aveugle.

– Pas moi. Je veux voir et savoir.

– Mais revenez-vous bredouille ?

– Non... savez-vous comment j'ai dû faire ?

– Si vous n'avez aucune obligation de secret, je veux bien vous écouter.

– Gaudissart a payé quinze chômeurs que j'ai habillés de haillons pour jouer les rebelles ; à l'Opéra d'Alger, chez le régisseur, mon assistant a loué les vieux fusils des contrebandiers de *Carmen* et je les ai jetés dans une barque de pêche, nolisée pour la circonstance. J'ai déguisé quatre jeunes gens avec les habits d'officiers de *Madame Butterfly*... Restait, alors, à filmer la saisie, par les marins, des armes de contrebande...

– Vrai ? Vous avez fait cela ?

– Puisque vos pareils ne disent mot...

– Vous avez filmé un faux !

– Quelle différence, puisque c'est plausible ? Pendant ce temps, Rozitti prenait, en effet, quelques photos de bateaux à l'appareillage, d'avions de surveillance, équipés de sonars, en train de décoller... Avec de telles images, quoi de plus aisé que de monter un scénario de guerre passionnant... et, quoi que vous disiez, assez juste !

– Sous vos injures, tout à l'heure, je restai courtois ; sortez de cette cabine... tout de suite... sinon, je ne réponds plus de moi.

Le nez pincé, les lèvres minces, les yeux noirs, Raymond entrait dans la colère sainte du Vrai. A ce moment, le matelot montra son nez à travers la porte entrouverte.

– Justement, je passais, lieutenant. Vous avez besoin de moi, il semble. A vos ordres.

En faisant la queue dans le couloir, vers l'échelle de coupée, le morutier avait ouï l'algarade. En souriant, il montrait une paire d'épaules modelées à l'aviron. Prudent, Paul Girardin s'éclipsa.

La semaine suivante, comme des centaines de milliers de lecteurs, Raymond apprit par la presse comment se passait, dans la réalité vraie, vivante et racontée avec photos en couleurs à l'appui, cette guerre douloureuse qu'il supportait mal. Et c'est ainsi qu'affamé de vérité, il entra, passé le demi-siècle, dans une ère où nul ne se rebelle de vivre parmi les paillettes. Avant ces temps-là, l'humanité habitait le monde, terre ou mer. A un moment, elle se mit à construire sa maison, d'abord avec, ensuite dans la télévision. Comme ses contemporains, le marin fit enfin son lit et dressa la table dans l'écran lui-même ; en sortant le matin et avant de décider s'il devait prendre son parapluie, au lieu d'observer le ciel comme naguère, il regarda une émission météo... ainsi donc le poste devint le réel : comment, lors, douter des nouvelles du monde ?

Il s'était réembarqué : non plus en remorqueur ou paquebot sur la mer amère, violette et venteuse, entre les cabillauds et les goélands, la tempête et la bonace, mais dans la boîte au spectacle, sur l'océan sans limites de la virtualité, où la vérité s'évanouit devant la gloire.

Sur le quai, il rejoignit son nouvel ami terre-neuvas qui lui saisit la main de ses gros doigts usés par les câbles.

– Adieu, monsieur.

[*Paysage*]

Les corsaires acadiens

Souvent idiote, l'histoire se trompe. En France, elle erra, au moins deux fois. Pendant la guerre de Cent Ans, d'abord, où Jeanne d'Arc empêcha que se forme un royaume commun à la France et à l'Angleterre, unité qui eût économisé aux deux peuples quatre siècles de sottises respectives et, peut-être, hélas, définitives ; lorsqu'elle lança vers le pinacle, ensuite, un dénommé Napoléon, esprit borné, imbu du passé, sans vision d'avenir ; corse, tourné donc vers l'Orient et la mer Méditerranée, il s'orienta, ainsi faut-il dire, vers l'Egypte et la Russie, l'Allemagne, la Pologne et l'Italie, sans voir que l'avenir se jouait à l'Occident, l'Amérique par exemple. Pendant que, fasciné par l'origine, il emmenait des savants sur les berges du Nil, plein est, Darwin appareillait, à bord du *Beagle*, pour les Galápagos : l'un répétait l'histoire et visitait son musée, l'autre se dirigeait vers l'ouest, dans le sens de l'évolution.

A supposer que le petit caporal eût exhibé ses prétendus talents stratégiques sur les plaines d'Abraham, en haut des rives du Saint-Laurent, et non au pied des Pyramides ou sur la Berezina, oui, la face du monde aurait changé ; mais, prisonnier à Sainte-Hélène, il put s'adonner, tristement, à un bilan de *statu quo* : enlevez Bonaparte de l'histoire de France, que perd-elle ? Au contraire, elle gagne tant et tant de morts.

Adoratrice des faux, cette même histoire oublie toujours les vrais prophètes. Isolés, méprisés, oubliés, les Acadiens avaient vraiment compris, quant à eux, dans quel sens coulait le temps. Ils n'eurent de cesse qu'ils n'eussent attiré vers l'ouest de l'Atlantique le général jacobin, même lorsque sa décadence en fit un tyran. Hélas, en vain : ni Bonaparte ni Napoléon n'entendirent, dans leurs paroles, l'avenir. Le matin où les Anglais l'emmenèrent à Sainte-Hélène, un vaisseau canadien croisait au large de Cherbourg : il eût pu s'y embarquer. Non, il fit plus confiance aux Anglais qu'à ses frères québécois.

Un îlien du golfe de Gênes comprend-il la haute mer ? Or, après Elbe et les Cent Jours, le voilà prisonnier dans sa troisième île, au grand large, celle-là : son tombeau.

Eveillés donc, eux, les curés acadiens font circuler une pétition, en secret, de sorte qu'ils enflamment toutes les paroisses de la Nouvelle-France qui s'étend alors du Labrador au golfe du Mexique. Ils recueillent des milliers de signatures et, mieux encore, une montagne d'or, issue de l'une des populations les plus démunies et les plus oubliées du monde. Poussée par l'enthousiasme, elle se saigne aux quatre veines et donne quatre fois plus qu'elle ne peut. Les Anglais qui la surveillent comme le lait sur le feu ignorent que, de Chicoutimi à La Nouvelle-Orléans, et de Detroit, sur les Grands Lacs, à l'extrémité du cap qui fait face à Terre-Neuve, la nouvelle se chuchote que Napoléon vient pour libérer les esclaves blancs. Un nouvel espoir fait trembler ces abandonnés.

Vite et bien, cent volontaires construisent les deux bateaux nécessaires, d'autres les arment et les équipent, les marins-pêcheurs embarquent, toujours dans un si grand mystère que l'histoire même ne retentit pas encore à ce frémissement immense d'un peuple opprimé.

Les deux frégates, sans nom, appareillent par une nuit glacée, belle mer, jolie brise de face, et, dès le jour suivant, par brume et brouillard, déjouent la surveillance anglaise entre Providence et Halifax. Anciens bouliniers, mais devenus corsaires, meilleurs connaisseurs de la manœuvre des voiles et des filets en vue des côtes que de celle des caronades en parages hauturiers, ils avancent, avec stupeur, par des mers nouvelles, entre Terre-Neuve et l'équateur : bancs de morues denses à ne plus voir l'eau, falaises de brume à la bedaine jaune, icebergs bleus étincelants reflétant des arcs-en-ciel mystiques, lames parfois hautes comme des maisons... Emerveillés, les pêcheurs de Miquelon découvrent, sous les tropiques, une chaleur et des poissons volants parmi les goémons longs qui n'étonnent pas ceux des bayous de Louisiane. Au passage, ils maudissent le Gulf Stream qui va réchauffer la France ingrate, en laissant leur Québec dans les glaces. Après avoir essuyé, à la hauteur des Barbades, un cyclone qui les laisse pantelants, ils passent quinze jours encalminés dans le pot au noir, sous le soleil vertical et parmi les algues géantes. Fascinés par les paysages variés de l'océan, certains de ces fils d'aventuriers oublient le but de la croisière et, entrés dans le paradis extatique bien connu des gens de mer, désirent qu'elle dure éternellement : au bout de deux ou trois jours, le gonflement constant des voiles au vent et le glissement du bau sur l'eau lisse font croire que, depuis trois mille ans, le vaisseau vole à haute altitude, sidéré. L'histoire laisse la place à la géographie, la mort à la vie et la bataille à la merveille.

A l'embouchure de l'Amazone, l'escadre fait de l'eau douce en pleine mer ; au cap Saint-Roc, à la pointe du Brésil, lançant les bonnets en l'air, les marins crient adieu à leur Amérique, et en route pour la traversée, cap direct sur Sainte-Hélène. Il faut, maintenant, compter avec la flottille anglaise qui croise autour de l'île. Sait-on que ces vaillants coulèrent bas trois vaisseaux de Sa Gracieuse Majesté ? Qu'à force de constance et de bravoure, ils parvinrent à la côte ? Qu'ils débarquèrent ? Qu'ils bousculèrent en quelques heures la garde rapprochée ? Qu'ils coururent, ventre à terre, vers la masure où lord Howe gardait le vainqueur d'Iéna, qu'entre deux rochers une baleinière s'apprêtait à enlever ?

Connaît-on, vraiment, la fin du seul épisode qui aille vraiment dans le sens de l'histoire au cours de la régressive épopée napoléonienne ? Sait-on qu'en ouvrant la porte, ils virent sur sa couche misérable – Calice ! Tabernacle ! – l'Empereur mort ?

Voilà ce que chuchotent, sous la neige de la plaine d'Abraham, les ombres qui se souviennent.

Courants

[RÉCIT]

Revenants

– Croyez-vous aux revenants ? demanda l'imbécile dont le bavardage, depuis le début du dîner, nous bassinait d'histoires à dormir debout.

– Oui, j'en ai vu un !

– Sans blague !

– Voici trente ans, de passage à Chamonix, pour des escalades dans le massif du Mont-Blanc, je découvris, avant l'aube, avec ma cordée, au bas de la mer de Glace, parmi les éboulis d'une chute récente de gros séracs, un cadavre que le glacier restituait, des dizaines d'années après que l'homme eut chu, en altitude, dans l'une de ses crevasses : un guide, jeune, conservé intact, comme au réfrigérateur. Après avoir pris des renseignements, nous le fîmes transporter dans sa famille. Le surlendemain, au retour de notre course, nous revînmes faire visite à ces braves gens que nous trouvâmes veillant le corps. Des fils et filles de quatre-vingts ans, des petits-enfants de cinquante et des arrière-petits-fils et filles de trente, sans compter les bébés à la mamelle, entouraient un lit antique où gisait, magnifique, un ancêtre, mort donc depuis plus d'un demi-siècle et qui n'avait que vingt-trois printemps ! En quel sens la durée coule-t-elle ? La tribu entière a vu un revenant !

Alors, nous fûmes tous étonnés de ce que le savant réputé qui, en face, n'avait pas daigné décrocher les lèvres depuis les hors-d'œuvre, répondit à la suite de l'alpiniste :

– Moi aussi, j'y crois.

Je relate vite ce que, lentement, il raconta.

Inquiet, l'ingénieur roboticien André Germain – titre et nom du narrateur – s'envola pour Londres, le 2 décembre 1984, en vue d'y réparer quelques avaries survenues à des usines qui avaient appliqué l'un de ses brevets à des chaînes de montage. Il passa par Oxford et Glasgow pour y redessiner les sites endommagés puis, rassuré sur l'issue professionnelle de son voyage, allait le terminer rapidement à Edimbourg, lorsque de nouvelles difficultés l'y retinrent plus de temps que prévu. Du coup, il ne trouva plus de place dans les hôtels, complets en raison d'une manifestation importante : musicale, religieuse ou rugbystique, il ne s'en était pas soucié.

Prise à ce piège comme lui, l'entreprise industrielle qui s'assurait ses services n'eut d'autre choix que de lui proposer de le loger au dernier étage de son immeuble de bureaux, dans un appartement immense d'une dizaine de pièces que le déménagement du directeur venait de libérer. Il accepta cette solution sans réfléchir. Il ne connaissait l'Ecosse que pour l'avoir maintes fois survolée, au cours de voyages vers l'Amérique de l'Ouest, et par ses entreprises, ses banques, ses poètes et ses romanciers. Car, bien que rationaliste jusqu'au scientisme et même voltairien, il se piquait d'un brin de culture.

Un vendredi après-midi, dès trois heures, après de multiples réunions où de longues analyses et parlotes aboutirent à quelques débuts de réponses et, comme d'usage, à des questions oiseuses, ses collègues écossais disparurent dans la brume. En montant au sixième étage où, le matin, il avait déposé ses bagages, il rencontra un groupe de secrétaires, frigorifiés, qui l'invitèrent obligeamment à prendre le thé ; n'ayant rien de mieux à faire qu'à se réchauffer, il accepta de bon cœur ; gaie, la conversation quitta vite l'informatique, les mœurs des bureaux et des affaires pour le rire bon train, la météo et mille choses encore.

– Oh, mister André, coupa tout à coup Peggy, une grande maigre rousse aux yeux bleu vif dont le cou semblait plier de sa longueur invraisemblable et sous un énorme collier de corail, nous vous admirons beaucoup de coucher seul dans cette bâtisse, vide la nuit.

– Je ne risque pas grand-chose, répliqua le mécanicien, calme et souriant ; une fois les verrous mis et le code secret enregistré, la forteresse devient aussi impénétrable qu'un coffre-fort.

– Peggy ne parle pas des cambrioleurs, fit une voix de fausset dont nul ne sut de qui elle venait mais qui fit baisser les têtes.

Comme par enchantement, la conversation bifurqua soudain sur la neige d'hier et le talent de buteur qu'affichait le nouvel arrière de l'équipe au chardon. L'ingénieur perçut clairement qu'une sorte d'angoisse passait dans le groupe, au demeurant chaud et sympathique. Il voulut en savoir plus, mais les bouches se cousirent.

Il quitta la table à thé et s'en fut seul se promener, les mains derrière le dos et en pataugeant dans la neige fondue, pour admirer l'architecture d'une ville dont le paradoxe réunit l'austérité presbytérienne, les couleurs sombres de la pierre et la chaleur conviviale des gens : les qualités que l'on prête au Sud, on ne les rencontre qu'au Nord ! Prisonnier de ses pensées, il dîna dans un restaurant, vers le centre, sans prendre garde à ce qui se passait autour de lui. Les gens paraissaient joyeux. Il revenait vers l'immeuble, lorsque à la sortie d'un grand magasin violemment illuminé, il faillit se heurter à Peggy elle-même, lestée d'un panier gigantesque où s'entassaient légumes, fruits et gâteaux.

– Hello, dit-il, en levant la main.

– Je finis mes courses, répondit-elle, rougissante sous ses taches de rousseur.

Athée résolu et solitaire de surcroît, André Germain n'avait pas remarqué que ses collègues étaient partis de bonne heure dans leur famille pour le samedi et le dimanche et qu'il avait dû de prendre longuement le thé à la gentillesse du personnel des deux sexes, excité de parler avec un Français. Il s'attarda donc, sous les guirlandes et les néons, à bavarder de nouveau avec Peggy. La voyant ravie de perdre du temps, il finit, indirectement et avec beaucoup de ruses, par demander quel secret avaient gardé ceux qui, tout à l'heure, avaient loué son courage. Après cent hésitations et circuits infinis, elle répondit qu'avant d'abriter les bureaux de l'entreprise, cet immeuble avait servi de clinique de gynécologie et d'obstétrique.

– Que l'on y ait accouché ne me paraît pas une chose si inquiétante !

– Mais rappelez-vous, dit-elle, affreusement gênée, que, la première en Europe, la législation britannique permit l'interruption volontaire de grossesse.

– Je m'en souviens, en effet.

– Nous aussi, je vous assure : des trains, des avions, des bateaux entiers venaient du continent, à l'époque, et Londres se déchargeait sur Edimbourg du trop-plein de femmes qui demandaient d'avorter. L'établissement ne désemplissait pas.

– Ah ! dit-il avec indifférence.

– Nous n'aimons pas travailler tous les jours en ces lieux d'infamie, répondit-elle avec vigueur.

Autour du cou ému et d'une pomme d'Adam prodigieusement mobile, le collier entrechoquait ses rocailles rougeâtres.

André Germain comprit alors sa gêne et que ses opinions s'opposaient à ces pratiques. Favorable, quant à lui, tout au contraire, aux nouvelles lois, mais tolérant, il respectait toutes les croyances et tenta, donc, de briser là le débat qui lui parut caduc et désobligeant.

– Bon dimanche, Peggy, dit-il vite, en la laissant sur le trottoir, croulant sous les paquets.

– A bientôt, mister André... Méfiez-vous pourtant des revenants, ajouta-t-elle en criant presque.

Bien qu'il ait déjà repris sa route, l'ingénieur se retourna d'un bloc pour lui demander de quoi ou, plutôt, de qui elle parlait.

– Mais des fantômes de ces enfants morts, que je sache ! Méchants, agressifs, ils peuplent ce haut d'immeuble. On les aperçoit malaisément parce que en raison de leur petite taille, ils roulent et glissent au ras du plancher ; ils n'ont jamais appris à marcher !

Il ne put s'empêcher de sourire à l'évocation de ce grouillement répugnant de larves basses et grondantes. Elle s'en aperçut, se cabra et, soudain menaçante :

– Ils sont comptés, comme s'ils avaient été recensés... Ils reviennent pour se venger... surtout pendant la nuit.

Ses yeux lançaient d'étranges éclats bleutés ; non sans avoir ricané elle aussi de manière vengeresse et prophétique, elle tourna le dos à son interlocuteur et, courbée sur son panier débordant, disparut parmi la foule gaie.

Ahuri, mais à la limite de l'éclat de rire, l'ingénieur continua sa promenade à pas lents vers son refuge ; il oublia vite les spectres pour songer, de nouveau, à ses problèmes de robots. Il monta vers son sixième étage et se coucha sans attendre et sans croire devoir frémir.

Délaissé par le déménagement, l'appartement se composait de huit pièces et d'une salle à manger, entièrement vides, et dont les fenêtres donnaient sur toutes les façades, en tournant autour de l'immeuble, dans les diverses orientations du soleil ; il ne restait quelques meubles que dans une cuisine, encore équipée sommairement, et dans la chambre qu'André occupait, où un lit à même le parquet – pensa-t-il, en se couchant, qu'il allongeait le visage et le corps au même niveau que les esprits ? – faisait face à une énorme cheminée surmontée d'une horloge comme on n'en voit plus que chez les antiquaires ou dans les musées : dorée, sculptée, chargée de déesses aux seins lourds et de dieux grecs musclés, elle montrait un cadran vaniteusement ciselé, muni d'aiguilles taillées comme des flèches dans une sorte de dentelle chantournée ; ce meuble détonnait de façon si extraordinaire dans le volume vide et nu de la chambre que sa magnificence solitaire le rendait presque ridicule ; et, avant d'éteindre, André en rit, en notant qu'elle marquait neuf heures et demie.

Comme tous les laborieux, l'homme aimait se coucher tôt pour se lever avant l'aube ; il prépara même son travail du lendemain, car il comptait mettre à profit les deux jours de liberté pour clarifier ses réponses aux difficultés singulières que rencontrait l'automatisation des chaînes écossaises. Jouant avec l'embryon d'une idée, sachant qu'il la retrouverait à son réveil, grandie et renforcée, il s'endormit...

... et, se réveillant brusquement, alluma ; l'horloge affichait cinq heures ; « j'ai trop dormi », se dit-il, et il se leva en hâte, se rasa, se couvrit chaudement, traversa l'appartement désert, s'installa sur la table de la cuisine, prépara du café et rouvrit ses dossiers. Dans le grand silence de l'immeuble, lui-même si calme, à l'écart du centre et de la circulation, et si tranquille en raison de l'heure matinale et sabbatique, l'ingénieur s'abîma dans ses plans.

Rien ne fait perdre le sens du temps comme l'attention soutenue sur une suite longue d'idées ; il s'égara donc dans le labyrinthe des schémas et des opérations. Réveillé à nouveau de ce sommeil clair de connaissance, il s'ébroua et, engourdi de froid, partit vers la chambre à coucher pour y prendre, dans sa valise, un chandail supplémentaire. L'horloge marquait neuf heures. Il ouvrit, tour à tour, les fenêtres et s'y pencha : profonde, l'ombre ne portait aucune trace d'aube dans aucune direction, pas de voiture, pas de passant, aucun bruit, le quartier dormait encore, glacé d'une paix solitaire et nocturne. Comme à Paris, Landerneau ou Amsterdam, aux fins de semaine, les amis écossais se lèvent tard, se dit-il. Il reprit du café, réouvrit ses papiers couverts de diagrammes et suivit à nouveau son raisonnement. Il approchait d'une solution nouvelle, qui l'exaltait. Quand elle lui apparut avec clarté, il se leva, sauta de joie et se dit qu'il avait bien mérité un solide déjeuner dans quelque bistrot voisin. Il opta pour des œufs au lard avec des flocons d'avoine et du jus d'orange.

Il se chaussait pour sortir, quand, levant les yeux vers l'horloge, il crut défaillir : elle affichait midi. Midi ! Le soleil ne s'était pas levé, les ténèbres enveloppaient encore la ville, la circulation restait nulle, on aurait dit plutôt le milieu de la nuit que celui du jour. Un moment, sa raison chancela, puis s'accéléra de sorte que dix hypothèses, toutes scientifiques, certes, mais plus terrifiantes les unes que les autres, se présentèrent à son esprit rationnel : par l'effet du fameux théorème de Poincaré, un énorme épisode astronomique avait chassé la Terre du système solaire... non, un hiver nucléaire s'ensuivait d'un tir atomique accidentel... non, une explosion volcanique – le Vésuve ? – recouvrait l'Europe de cendres... fin du monde ou de l'espèce humaine... Il descendit. Pas plus de chaleur, pas plus de froid qu'hier au soir, pas de poussière ni d'odeur irrespirable. Aucune boutique n'avait rouvert ses rideaux. Pas un chien. Rien ne bougeait dans la rue, toujours noire de neige fondue et de boue. Par quel miracle serais-je le dernier survivant ?

Il remonta dans sa chambre. Halluciné, il regarda de nouveau vers l'horloge qui, tranquillement, marquait... une heure. Il remarqua deux choses, alors : qu'un lutin doré, dessiné en trompe-l'œil, semblait pousser les aiguilles et il repensa aux menaces de Peggy et en rit, de nouveau, mais sarcastiquement jaune... et surtout qu'il n'avait pu passer tout ce temps dans la rue, puisqu'il avait seulement traversé la place et ne s'était engagé que sur une centaine de mètres dans l'avenue principale ; ou alors, l'angoisse lui ôtait toute perception normale de la durée. Non, voyons, à peine dix minutes séparaient sa sortie de son retour. Comme pour se venger, le roboticien se précipita vers la pendule, avec la même allure que dut prendre Don Quichotte lorsque, Rossinante au galop et lance pointée en avant, le chevalier prit d'assaut avec courage le moulin à vent.

Alors seulement, il se souvint de sa propre montre, qu'il avait laissée dans la valise, au milieu des affaires de nuit. Le temps de revenir vers le lit, d'ouvrir nerveusement la fermeture Eclair de la trousse de toilette, d'en tirer en tremblant le bracelet, il s'aperçut qu'à bout de ressort, elle s'était arrêtée. Fou d'inquiétude alors, il se rua dans l'escalier, descendit, claqua la porte et courut par les rues à la recherche d'une horloge publique sur un monument. Au premier carrefour, sur une sorte de place ovale, il en découvrit trois, en effet : au fronton d'une caserne, à l'arrêt du bus et à l'intérieur d'une boutique dont un rideau, relevé devant la glace, ne cachait pas l'étalage ; toutes trois marquaient dix minutes avant minuit ! André crut tomber par terre.

A bout de souffle, il revint, en courant de nouveau,

vers sa chambre pour réattaquer l'horloge, mais, maintenant, avec une stratégie méthodique et technique ! En la soulevant à grand-peine, il en démonta sommairement le mécanisme pour découvrir qu'il y manquait une pièce, dont il dit le nom et dont l'effet, quand elle manque, accélère le mouvement des rouages. Soulagé, il se planta devant elle et compara le temps de sa propre montre, qu'il avait en hâte remontée, à la durée affichée sur le cadran qui surmontait la cheminée : plus de soixante minutes pour bien moins que dix ! Il avait dormi deux heures à peine, travaillé peu et avait pris la nuit pour le jour, qui reflua tout à coup, en arrière, comme le contre-courant d'une rivière, vers les chiffres du début... Il fallait recommencer... reprendre la durée à partir de ce nouveau zéro...

Alors, minuit sonna, en effet, au clocher d'une église. André Germain ne put s'empêcher de regarder, sur le parquet, si des ombres d'enfants mort-nés envahissaient le silence et menaçaient l'espace autour de ses chaussures mouillées de crotte et de glace.

– Peggy, Peggy, que dirais-tu, s'avoua-t-il à mi-voix, si je te racontais l'aventure !

– Quand nous manquons de repère et de mesure, jeta-t-il autour de la table, savons-nous à quel point se dilate ou se contracte notre vie ? Sans horloge ni soleil, comment évaluer la durée du sommeil et du jour ? Et dans l'éternité lente de la glace ? ajouta-t-il, en regardant l'alpiniste... Et quand la montre se détraque, nous déréglons-nous aussi comme des robots reliés à un chronomètre ? Je crus alors faire partie moi-même de la chaîne de montage avariée...

« Ou mieux : autour de minuit, cette nuit-là, le temps, dans l'autre sens, reflua sur soi et vers le début d'une nouvelle histoire. Du volcan, des bombes atomiques, du théorème de Poincaré... le monde se retrouvait sauvé ! Se délivrait-il du mal ?

– Le croyez-vous ? demanda quelqu'un.

– Oui donc, je crois au temps revenant... ou plutôt qui ressuscite...

Avaler sur trois torrents

Descente de la Dranse

A bord d'une automobile sur une autoroute ou assoupis dans un train, nous nous croyons, arrogants, les premiers de l'histoire à trouer le paysage en voyant défiler arbres et rochers sur les bas-côtés, alors que la descente, sur un radeau, d'un torrent grossi par les crues de printemps apprend que ces passages foudroyants datent de la nuit des temps. Avec trois bois pour s'asseoir et un autre en pagaie, avaler ou dévaler font remonter, vite, avant le néolithique.

Signalés, eux aussi, à l'origine du monde, le chaos ou le tohu-bohu évoquent le bruit clamant du chahut et le désordre des cahots. Nous n'avons inventé que récemment des routes lisses dont le revêtement fait glisser nos véhicules, pendant que le corps s'endort par le chuintement doux de ce déplacement. Bien avant que des coussins d'air nous fassent oublier que le mot pneumatique signifiait jadis les souffles suaves de l'âme, les chemins secouaient durement les os et les tympans. Ainsi, associés aux gifles capricieuses et glacées des vagues, les rapides rappellent aux reins les cailloux et les nids-de-poule des voies pavées antiques, comme à l'ouïe le tintamarre des anciens voyages.

Alors, la perception remonte à des temps où le corps nu se lançait à corps perdu dans le don tumultueux et sauvage des choses ; les cahots lui cassent les os pour mieux liquéfier ses muscles et le mettre à l'unisson du talweg tortueux ; ainsi acquise, sa souplesse fait confiance aux chemins arrondis de la planche qui contourne les obstacles en suivant les filets d'eau, dont la violence serpentine et prudente évite, bien mieux que sa raideur apeurée, les aspérités des roches ; par les tourbillons serrés, les cascatelles et les turbulences, il ressent la raison de la descente aquatique, dangereuse mais habile, dont l'astuce choisit toujours le passage, même étroit, le plus aisé. Avec le torrent, son sang, sa vie brève et son temps coulent, non pas uniment, comme le long d'un couloir lisse et doux, mais par les aventures d'un récit dramatique de passes et de retours, d'oublis et de souvenirs, de précipitations et de langueurs, de courant continu et de cascades cassées, de filtres et de détours, de rythmes et de sens.

Rien ne passe, rien ne coule comme on croit : tout chante et danse comme la Dranse.

Alors seulement, le tohu-bohu laisse place à une harmonie parfaite, bien que complexe, le bruit devient une musique subtile et le désordre irrégulier se transforme en rythme intelligent. En suivant la voie rapide le long du canyon abrupt, les branches des saules et le fouillis des roseaux fouettant quelquefois la face, pendant que le regard perçoit la trouée isabelle d'écume à travers le tableau vert, le corps, devenu totalement ouïe, déchiffre la portée d'une immémoriale partition, dont la chair entière, les os et la peau entendent la voix archaïque et, sous les cahots, deviennent la chorégraphie.

Sur le ruban blanc, imprimé de rochers, de rapides et de chutes, il lit : *presto*, ici, sabré, dans l'eau noire, de quadruples ou sextuples croches, *accelerando*, avec appoggiatures, syncopes et traits, *andante*, là, pendant des secondes, rondes et blanches, d'accalmie et de repos, silence où il laisse la pagaie vibrante, mais où, soudain, la double barre d'un contre-courant le fait rebrousser en amont et reprendre le fil à partir de telle mesure... coda, refrain, ritournelle, fugue, contrepoint, dont les retournements maintiennent le maintenant, comme si le torrent, furieux, le poussait dans l'immobile éternité... coulé, battu, brisé, chassé, dégagé, enlevé, piqué, plié, fouetté... sous les commandements gymnastes d'un coryphée.

Les rythmes de cette danse intelligente et les mesures de cette musique sublime battent le vrai temps des choses, comme l'artère de la montagne tape de son pouls contre les roches à fleur d'eau : entre ces os de sa mère Terre, le corps descend comme un globule, rouge ou blanc, tournoyant dans son sang ; à l'écoute raffinée de cette partition et en s'adaptant aux positions, courbures et figures qu'elle lui impose, il connaît, de l'intérieur, le corps du monde, son analogue, et comprend l'écoulement et la circulation du sens.

Flambant, le courant descend comme mille voix audibles, déchiffrables en autant de langues incarnées.

La Merced au Yosemite Park

Nous. Sur écrans ou pages blanches, doigts et mains habiles savent dessiner des signes : plans, cartes, prose, vers, algorithmes ou musique. Dans le lopin labouré, le tracteur ou les bœufs sous le joug tirent la charrue dont le soc défonce, en parallèle, les sillons de ce boustrophédon dont les zigzags tissèrent, dit-on, l'écriture primitive. En montagne, les chaussures, dures, impriment des sentiers en lacets dont les courbes et les dentelures adaptent le souffle et les muscles à l'ascension. Comme des publicitaires sales, nous barbouillons le monde en laissant partout nos traces.

Lui. Par le talweg, le torrent descend, mais érode aussi sa ligne de plus grande pente en bombardant de graves et de sables les crevasses où il passe, turbulent ;

se calme, dans des poches de stockage ou des lacs de mémoire, pour dessiner sur la surface gauche et tourmentée de la montagne, dont le relief l'invite et le conditionne, mais se soumet aussi à son creusement ardent, des volutes minuscules, des virages majuscules, les pleins et les déliés d'une eau noire comme l'encre par la glace blanche, des barrages et des successions de cataractes, dont le bruit de fond, envahissant l'espace, assourdit ses accents sous le tohu-bohu, et cache la lecture de ses lignes sous des voiles d'embruns et de brumes sublimées.

Derrière ces apparences, nuages et brouhaha, quel mystère cèle-t-il ? Pourquoi n'entendons-nous pas de voix sous son fracas ? Parce que nous ne savons pas encore y déchiffrer un sens ? Qui parle ? L'entretien permanent et volatil des eaux et des roches, leur dialogue volubile et monotone depuis l'aurore du monde ? Pourquoi ne lisons-nous pas leurs chutes, leurs retenues, leurs voies continues et irrégulières comme les grimoires des champs, comme les algèbres et les portées que creusent les mains, les pieds ou les couteaux des socs, comment ne les voyons-nous point ensemencées, comme eux, de doubles barres, rondes et blanches, de silences, soupirs et reprises, de fractions et d'intégrales, de points soudains où tout éclate et s'exclame, ou d'autres dont l'oreille s'ouvre à l'interrogation ?

Parce que, vaniteux, nous nous croyons seuls capables de labourer, marcher, graver sur les solides nos traits de Narcisse ; et quand nous entendons la voix tacite des choses, nous l'étouffons vite sous l'ordure de nos noises insensées. Apprenons plutôt à lire l'écriture et à écouter la langue universelles.

Voici. Humblement, la terre s'informe elle-même ; oui, le monde écrit sur soi, avec plus d'intelligence et de beauté que nous ne savons le faire sur des objets construits : le cristal pesant des glaces trace sur le roc le berceau des moraines ; à la surface de ces glaciers, les roches apportent les chevrons de Forbes ; l'affluent dessine une diagonale courbe et colorée sur le confluent où il donne ses eaux, plus rouges, à son fleuve majeur, jaune et brun ; sur les lames agitées par l'ouragan, les grains, fractals, disséminent leurs hachures, blanches et grisâtres ; derrière ce qui se lève devant lui, le soleil projette des ombres sur les pages de la terre, humble... Les choses retentissent entre elles avec une harmonie que nous n'entendons point dans nos entretiens : l'herbe des champs et les sapins répondent diversement à la brise ; sous l'emprise de la flamme, le sarment sec ne se plaint pas comme les troncs verts, fumeux ; aux commandements du vent, la mer proteste autrement que l'eau des lacs ; le silence du désert ne se tait pas comme le centre des cyclones ; et, pendant l'orage fondamental des séismes, un baryton profond sort du sol...

Dans cet univers vide envahi d'un commencement d'expression, le sens mesquin que nous faisons jaillir de nos voix criardes et de nos fragiles marques s'insinue et se blottit. Offert là, il s'agrandit. Exposé là, il se dilate de joie. Alors, l'espace clamant, qui accueille notre épanouissement, complète et enrichit sa vacuité. Voilà ce que signifie comprendre : jeter nos paroles dans le sens du monde.

Par enchaînement de cataractes à des nappes laminaires et rapides turbulents, par logement de la voix grandiose de chutes énormes dans le silence calme vers la retenue des lacs, par recouvrement pudique de l'arc-en-ciel intuitif autour des volutes de brumes, derrière quelques dévoilements surpris, notre prose ne deviendra bonne que le beau matin où sa dilection allègre psalmodiera et priera l'univers, comme la *Merced.* Pitié pour le monde et la piété des choses.

Baranquisme à la sierra de Guara, en Aragon

Entraîné par le courant violent, glissant le long d'un toboggan glauque, poussé à travers une étroite fenêtre pour chuter dans une baignoire au fond d'une grotte profonde..., le baranquisme ou descente de gorges apprend au corps comment le temps coule : non, il ne passe pas comme la Seine, sous le pont de Notre-Dame, tout continûment, mais accélère dans la glissière, peine à passer par le fond du puits, s'immobilise au milieu d'une piscine, y tourbillonne sur lui-même et semble s'arrêter, paresse lentement par de larges lacs en surface, puis brutalement remonte, emporte de sa force toutes choses entre des couloirs si étranglés que les jambes ni les bras n'y nagent sous un fil vertigineux de ciel...

Etrangers aux lignes droites, régulières, successives, ces retours inattendus, ces sommeils soudains, ces emballements imprévisibles, le corps vif et l'âme rare les connaissent depuis toujours et les suivent à chaque moment : filèrent-ils jamais aussi parfaitement qu'ici le cours de leur vie commune ? Les voilà enfin chez eux ! Le long de ces défilés serrés, les contorsions des muscles et du squelette pour s'adapter à cent passages divers plongent donc le corps dans la durée vivante.

Jamais la vie ne lui imposa de prendre tant de positions que la roche, ici, follement sculptée par les eaux aériennes et souterraines. Modelée d'humus, sa fluidité se durcit pour imiter les formes étranges de la pierre ; quand le paysage, dehors, l'obligea-t-il, pour y entrer, à mimer tant de clés ? Car la gorge fait se succéder une série de serrures diverses que le corps s'efforce d'ouvrir en prenant une forme adaptée : saute, raidi, dans des poches sombres, se lance pieds ou tête ou bras ou hanches en avant, rampe sur le dos ou sur le ventre, désescalade en se retournant, se courbe et se plie, contrefait le rat ou le serpent, une tortue lourde sous son sac à dos ou la mouche sur le mur, le poisson ou une araignée pendue à son fil... nage, marche, glisse, flotte, danse... Souple, il se noue, se détend, se concentre et se dissout, par les événements complexes du canyon ainsi multiplement fermé, s'y écoule alors comme le temps et le liquide, terre faite chair fluidifiée enfin par ces figures difficiles.

Or, de la naissance à la mort, il ne cesse, dansant de même, de changer de position : pour la tétée, l'écriture ou le garde-à-vous, le saut à la perche, le coup droit et le revers, le tangage et le roulis, les travaux de pelle, de fourche, de forge, outils et machines, l'amour, ce pourvoyeur de foudres et de respect... par dix courbatures de souffrance et autant de gestes discursifs... la vie s'avance de ce ballet. Apprenti, le corps mime des clés qui le font changer d'âge, forcer des portes, trouver les autres et le monde, jusqu'à devenir ce cadavre qui descend droit le courant et dont l'allonge le plonge dans la tombe.

Qu'il descende donc la gorge : non seulement, fluent, il se liquéfie dans la durée elle-même, mais, puissant, il y prend les formes durcies requises pour vivre, plus celles qu'il ignorait pour n'en avoir jamais eu besoin. Plongé dans le devenir flambant et proliférant des choses inertes et vives, il vit donc plus qu'il n'avait jamais vécu. Mieux encore, puisqu'il sait se préparer à tant de positions et qu'il peut les dessiner, comme le ruisseau-temps le fait dans l'espace de son lit, peut-on nommer le corps une préposition et le dire en et avec vie, vers la vie, par la vie, pour la vie, à travers la vie, plein de vie, avant et après la vie... ne répétons pas ce dernier mot dont nous ignorons le sens et disons : avec et vers, par et pour, avant et après, devant et derrière, contre... voilà notre corps de danse.

Entraîné par le courant violent, glissant le long d'un toboggan glauque, poussé à travers une étroite fenêtre pour tomber dans une baignoire au fond d'une grotte profonde... voici que tu viens de naître. Par accouchement perpétuel, ici, dans les abîmes sombres du monde, tu ne cesses d'accéder au jour. Gisant dans les eaux, le sang, les os, le bassin, les ouvertures et les pulsations de la terre génitrice, jusqu'à ce que, expulsé du canyon à la nage, par quelque fissure, le corps allongé, tu reviennes à la clarté comme tu sortiras, enfin, de la vie, magnifique.

Né de mère noire, mort par un ardent après-midi.

Or, au milieu de la même sierra aux cailloux calcinés au soleil, en des ères très anciennes, une moniale passa, dans le recueillement, de longues années solitaires à écouter la mutité de la montagne. Un matin, elle comprit le chant des rigoles ruisselant sous ses pieds, dans les canyons ramifiés comme les veines du corps. Cette intelligence que je cherchai tant, elle nous la légua.

Pour qu'en demeure le sens, elle prit de ces cailloux et en monta les murs d'un ermitage en imitant, sur le haut, le bas de la montagne ; elle bâtit donc un petit canyon aussi étroit, aussi ombreux, froid et lumineux, aussi mystérieux que les couloirs imprévisibles qui font bruire l'eau sous les roches, et elle grava, en langue latine maternelle, à la cimaise des parois, la traduction exacte de ce brouhaha : *et exultavit spiritus meus in Deo salutari meo*, et mon esprit exulte d'allégresse en Dieu mon sauveur.

Depuis longtemps attend ce canyon en image inversée, haut perché sur la montagne que traversent aujourd'hui de nouveaux hommes, usant d'autres langues et autrement vêtus que l'ermite d'autrefois, mais aussi attentifs qu'elle au bruit de fond du monde qui émane du silence de la grande sierra.

Visiteur rapide, peux-tu lire, et, barbare, comprendre ce message pulvérisé en morceaux de lettres menus, par lequel une religion négligée exprime, dans une clôture construite, le sens latent du sein et du ventre de l'immense paysage ? Comme la femme de jadis, tente de saisir le tohu-bohu qui monte, émis par le chaos des profondeurs ; entends l'ancien message jaillissant des entrailles des grottes et chantant la joie, la gloire et l'avent du Verbe qui, humble et charnel, murmure au fond des gorges ruisselantes et noires de ton corps magnifié.

Routes

[R É C I T]

Le petit séminariste

– Non, il n'y eut jamais de buffles, ici. Les troupeaux sauvages de la Prairie commençaient plus à l'ouest.

– Alors, pourquoi nommer cette ville Buffalo ?

Sûr de son effet, Robert Klein se rengorge.

– Parce que, de langue française, les premiers occupants ou fondateurs l'appelèrent : Beau fleuve.

– Beau fleuve ? Quelle idée !

– Imaginez, voici quatre siècles, la splendeur du paysage autour du Niagara.

– Je crois voir.

– Essayez donc, maintenant, de prononcer les deux mots en anglais !

– Ah ! J'entends.

Ils avancent, lentement, sous le blizzard et face aux congères.

Venu de France et descendant de l'avion de Miami, où il vient d'assister à une réunion de travail, passé donc brutalement des tropiques à la neige, Claude Larrue se réjouit de ce collègue sympathique, parfait francophone, dont l'accueil et la voiture confortable réchauffent ses décalages.

Du coin de l'œil, Robert regarde avec effarement la vilaine balafre que porte l'ingénieur français en travers du visage, sous le crâne chauve ; il cache mal ces défauts sous un collier de barbe et des lunettes d'écaille.

Spécialistes en robinetterie et mesures de précision, ils parlent longuement d'électronique et de pression. Puis, pendant trois jours, ils travaillent ensemble à des essais, d'abord en laboratoire, puis en vraie grandeur, à l'usine ; comme les amitiés vraies, la leur, naissante, leur paraît dater de toujours.

Robert tient à inviter Claude chez lui, avant qu'il reparte pour Paris. Dès l'entrée de la maison, l'hôte de passage remarque un tableau qui représente une église de campagne au fond d'un vallon vert.

– Un paysage de la vieille France ? demande Claude.

– Gagné, dit Robert.

– Tu connais donc mon pays ?

L'autre rit et lui dit de s'asseoir. Interrompue par l'arrivée de l'hôtesse, robuste et joueuse de tennis, leur conversation bifurque ; ils parlent de tournois et de classements.

A la fin du repas :

– Je ne pourrai pas t'accompagner à l'aéroport, demain matin, mais Gertrud propose de te prendre en voiture et de t'y conduire.

Claude remercie.

Le lendemain, à la porte d'embarquement, ils apprennent que la tempête de neige s'aggrave et retarde le vol ; puis, pour la même raison, que l'aéroport va peut-être fermer.

– Puis-je vous offrir le lunch, en remerciement du dîner ?

Gertrud accepte. Ils bavardent.

– Oui, nous connaissons la France, dit la femme ; mais surtout Robert. Né à Paris, dans le Marais, il y suivit l'école primaire et s'apprêtait à passer au lycée quand survint la guerre. Imprudents et tenus par leur métier de fourreur, ses parents ne fuirent pas devant l'avancée allemande. Impossible, à un moment, de se cacher.

« Trois jours après la rafle du Vel'd'Hiv', son père, sa mère et sa sœur aînée roulent, avec lui, alors âgé de neuf ans, dans un wagon à bestiaux, vers le camp de concentration dont ils ignorent alors qu'ils ne reviendront jamais. Par je ne sais quel miracle, le garçon a gardé dans la poche, malgré les fouilles répétées, le couteau que lui a offert son grand-père pour son anniversaire. Dans le silence hébété, à peine rompu par le rythme des roues sur les joints de dilatation, et pour se désennuyer, il entreprend de trouer le plancher sur lequel ils sont assis. Le train s'arrête souvent, pour des pauses interminables. Il fait un froid mortel et les vivres, déjà, manquent. L'enfant creuse. Son père s'aperçoit du manège et le gronde, pour la forme. Mais le petit, têtu, continue. Sous ses fesses, la trouée, d'abord étroite, s'agrandit, peu à peu. Il jette négligemment les copeaux sur la voie. Pendant ce temps, toutes sortes de bruits courent parmi la foule ainsi tassée, d'abord rassurants, vite plus alarmants. On parle même de déportations, d'exécutions et de morts. Et, tout à coup, pris d'une inspiration subite, à vrai dire prophétique, son père chuchote :

« – Si le prochain arrêt a lieu de nuit, glisse-toi par ton trou. Echappe-toi, évade-toi ! Cache-toi et rendez-vous à l'appartement de Paris, dès que possible.

« – Où aller, en attendant ?

« – Tu te souviens de l'oncle David ?

« – Le joaillier de Bordeaux ?

« – Va chez lui et que Dieu vous protège.

« Tous périrent à Auschwitz. Il en réchappa tout seul. Imaginez maintenant les nuits d'hiver, en rase campagne, dans l'est de la France ou l'ouest de l'Allemagne, et un petit garçon perdu, recherchant le chemin de Bordeaux. Quand il évoque cette aventure, il dit ne plus se souvenir comment, au milieu de la guerre, malgré tous les dangers, il parvint sur les rives de la Gironde, et ne plus pouvoir compter le temps qu'il y a mis. En tout cas, il se souvient d'une route sans fin.

– Seigneur, quelle aventure !

– Il ne trouva personne. Plus prudent que son père, son oncle, il le sut longtemps après, avait plié bagage, fui en Espagne, puis au Portugal, s'était embarqué à Lisbonne et se trouvait, dès 1941, à New York.

– Alors ?

– Il erra et vécut comme il put, toujours sur la route, pendant des semaines, lorsqu'il tomba, par hasard, sur un curé de campagne, qui le recueillit et l'emmena dans son presbytère.

– Où ?

– Vous ne pouvez pas connaître, mon cher Claude.

– Cela dépend, je suis né dans le Sud-Ouest.

– Mais il s'agit d'une toute petite commune.

– Allez, tout de même !

– La Croix-Blanche.

Stupéfaction ! Robert avait passé son enfance, non loin du même village, dans une ferme voisine de celle des parents de Claude.

– Talives, s'exclama-t-il ! Impossible !

L'aéroport annonce, alors, qu'il ferme pour quarante-huit heures au moins. Gertrud propose de le ramener chez elle, où Robert vient de rentrer.

– Mon Dieu, mais le paysage représente l'église et le cimetière de La Croix-Blanche, au milieu des champs d'avoine !

– Bien sûr, dit Robert.

– Comment ne l'ai-je pas reconnu hier au soir ?

Ils se regardent longuement, comme s'ils ne s'étaient jamais vus, non, comme s'ils s'étaient vus, mais dans un autre monde.

A la ferme de son père, Claude travaillait, en dehors des jours de classe, surtout pour les travaux d'importance : fenaison, moissons, vendanges... Pour ces grandes occasions, les voisins venaient prêter main-forte aux métayers, comme ils allaient eux-mêmes aider les proches. Au milieu de ces échanges, Claude connut, en effet, un gamin de son âge que le curé leur envoyait ; tout le monde l'appelait le petit séminariste, car le presbytère abritait quatre ou cinq jeunes gens qui se destinaient à la prêtrise. Celui qui venait à la métairie de Talives se nommait Jean. Très vite, les deux garçons devinrent des compagnons inséparables, non seulement pour les gerbes et les hottes, pour les jeux, aussi, pelote basque et rugby, mais surtout au cours de discussions interminables, telles que les adolescents les tiennent entre douze et quatorze ans. Claude ramenait Jean à la cure puis, arrivés là, Jean raccompagnait Claude à la ferme ; les voisins racontaient même qu'ils les avaient vus refaire la route six fois. Entre les rangs de vigne et les haies de noisetiers, ils reconstruisaient le monde, qui en avait bien besoin, attendu que tout s'effondrait autour d'eux, assourdis par les nouvelles quotidiennes de la guerre et la rumeur des bombardements.

Or donc, leur amitié fut mise à l'épreuve par l'arrivée, à la métairie d'en face, d'une belle fille réfugiée d'Espagne, Inès, superbe brunette piquante de quinze ou seize ans qui n'avait froid ni aux yeux ni autour des genoux. Ensemble, ils reçurent la foudre : le grand amour. Ils se haïrent au moins quatre jours, une éternité. Inès croyait pouvoir dire qu'elle les aimait tous les deux.

C'était le temps de la moisson. Elle se déroulait en trois actes. D'abord, couper les épis, les lier en gerbes et accumuler ces gerbes, dans le champ même, en meules : les basses collines jaunes se ponctuaient de ces tours, en échiquier ; ensuite, transporter le tout en une seule gerbière, haute sous le hangar proche de la ferme ; cnfin, dépiquer le blé. Posément, le premier travail se faisait en famille, dont le père ne battait le ban et l'arrière-ban des cousins et des amis que pour la gerbière et le dépiquage, liturgies de l'année paysanne. Dès l'avant-veille, du feu de cheminée aux tables couvertes de gigots saignants et de poulets plumés, les femmes préparaient les repas et les casse-croûte.

Dès l'aurore du grand jour arrivent quarante personnes, dont chacune sait, depuis toujours, sa place et sa fonction. Généralement torride, dans une folie de poussière irrespirable et de sueur acide, la journée commence avec l'aube et se poursuit dans la nuit, de la fin de la rosée au début du serein, car leur humidité, en amollissant les tiges, empêche le battage. Sous les nuages de balle, les gosiers se dessèchent d'efforts et de soleil. Soit dans le champ, soit sous le hangar, toutes les deux heures, entourées d'une nuée d'enfants, les femmes portent, au milieu du tourbillon de poussière et de bruit, des bouteilles enveloppées de linges mouillés dans de grands paniers d'osier. Considérés déjà comme des adultes, Claude et Jean, vingt-huit ans à eux deux, chacun à son poste, fourche à la main, lancent les épis en haut de la batteuse, torses nus, lorsque Inès, en leur tendant, du bout de ses deux bras nus, la cruche d'eau fraîche et le litre de vin, les foudroie l'un et l'autre : à tomber dans la paille ! Les trois brins de leur fourche se croisent souvent ce jour-là.

Quatre jours après, deux voisins, forts comme des taureaux et piliers de rugby, durent les séparer : leur bagarre devenait dangereuse. Ils se laissèrent sanglants. Inès ne broncha pas, tout sourire.

Le lendemain, au presbytère, Jean s'apprêtait à partir pour servir la messe, quand il reçut d'un gamin qui arrivait à l'école un bout de papier griffonné par Claude.

« Pas d'idiotie. Revoyons-nous. Je te laisse la belle. Ton Claude. »

Des larmes s'échappèrent des yeux de Jean, qui venait de donner à une autre gosse de l'école, pour qu'elle le ramène à la ferme, le mot suivant :

« Ne faisons plus les imbéciles, d'accord ? Restons amis. Prends ton Inès. Jean. »

Chacun, ce matin-là, courut vers le coin du cimetière où ils avaient l'usage de se rencontrer. Le premier ne servit pas la messe ; le second ne sortit pas les vaches. Ils passèrent la journée tout entière à parler. Que devint Inès dans cette histoire ? Deux hommes mariés se battirent encore pour elle, pendant les vendanges, à la ferme de Poulère, de l'autre côté du val ; elle souriait toujours.

Quelques années plus tard, vers la fin de la guerre, chacun des deux amis se lança dans des études, l'un à l'Ecole polytechnique, à Paris, l'autre, parti aux Etats-Unis pour retrouver son oncle David, à Harvard. Ils correspondirent un peu, puis de manière espacée ; enfin, se perdirent de vue, ainsi va la vie.

Le temps passa. Naturalisé américain, Jean fit, comme aviateur, la guerre de Corée ; passionné de jazz, il traîna de formation en formation, joua de tous les saxos et prit, alors, le nom de Robert, puisque son prénom français sonnait un peu bien féminin dans son pays d'adoption ; ensuite il se spécialisa dans l'électronique. Sa réussite lui modela un visage rond et des épaules pleines, alors que, pendant la guerre, il portait sa maigreur en bas d'un long cou. De son côté, Claude fit la guerre d'Algérie, où il reçut, en plein visage, un éclat de roquette, dirigea des chantiers du côté de Singapour et prit quelques brevets dérivés de ses inventions en hydraulique.

Les robinets plus un blizzard de trois jours les réunirent donc non loin des chutes du Niagara : mais balafre, barbe et lunettes empêchèrent Robert de reconnaître Claude et le changement de prénom et de poids détourna le second de se souvenir, sur-le-champ, du premier.

Mais, trente-cinq ans auparavant, à l'occasion de la réconciliation derrière le mur du cimetière, alors qu'ils cherchaient ensemble à oublier Inès, Claude avait appris le secret des secrets, secret que jamais il ne dit à personne. Que Jean pouvait courir les filles, puisqu'il ne désirait pas entrer au séminaire. Mieux encore, qu'il n'était pas chrétien. Mieux encore, qu'il ne s'appelait pas Jean, mais Jérémie. Mieux encore, que les enfants qui vivaient au presbytère, le curé ne leur enseignait que l'Ancien Testament. Qu'ils s'y cachaient parce que, juifs ou enfants de mères juives, ils risquaient les camps de concentration et la mort. Claude jura qu'il ne dirait rien.

Mais comment Jean pouvait-il s'en assurer ? Son ami lui proposa de porter à sa place cette étoile jaune que Jean cachait sous sa chemise, après avoir dû l'exhiber sur sa veste. Alors, comme l'échange de sang qui scelle, dans les sociétés secrètes, les initiations, eut lieu la cérémonie. Ils quittèrent leur chaîne respective et se la donnèrent l'un à l'autre. Comme si, par amitié l'un pour l'autre, chacun acceptait de courir le danger de mort : celui qui portait la croix restait juif et l'autre, chrétien, arborait l'étoile. Ils se trouvaient à égalité.

Alors, devant Gertrud étonnée, ils tombent dans les bras l'un de l'autre, en pleurs.

– Claude !

– Jean, Jérémie, Robert, mon ami en trois personnes !

Encore plus stupéfaite, elle les voit enlever leur veste, déboutonner leur chemise et tirer de leur poitrine, attachées toutes deux à une chaîne en or, l'un, une minuscule croix pectorale, et l'autre, l'étoile jaune de David. Ils l'échangent et s'embrassent encore.

– La gerbière de Talives !

– Inès ! Il y a trente-cinq ans !

– Comment diable ne t'ai-je pas reconnu ? Tes cheveux grisonnants ?

– Et moi : cette écaille sur tes yeux ?

– Gertrud, vite, du champagne ! Vite, Gertrud, du champagne ! Du champagne, vite, Gertrud !

Robert, couvert de larmes, bégayait ; il tremblait, il étouffait.

L'autre :

– Que Dieu bénisse la neige, le blizzard et le verglas !

Gertrud, en riant :

– Ivrognes ou gâteux, les enfants ?

– Les deux, belle amie !

Elle les écoute parler, irrépressiblement, toute la nuit.

– Et cette Inès ? redemande-t-elle à l'aube.

Dehors, la tempête siffle et tonne ; pendant ces heures obscures, la croissance des congères bouche les fenêtres.

Le soleil se relèvera-t-il ?

Collisions

Peur du choc.

– Bon, ne pas rater l'avion, je veux bien.. mais, conduire aussi vite, c'est du suicide...

Bougonnant et de mauvaise humeur, il se dit cela dans un demi-sommeil, à l'arrière de la voiture, par la fin d'une nuit pluvieuse, sur une route, étroite et glissante, de la péninsule de Crozon. Il tente de se rassurer en pensant qu'amiral et vieux pratique des sous-marins, le pilote doit quand même s'y connaître, en matière de conduite. Une inquiétude diffuse ne le quitte pas, cependant, à entendre les pneus glisser, l'habitacle tanguer, le moteur se plaindre. Plus encore que les hommes, les machines détestent qu'on les malmène et il suffit de les entendre, les uns et les autres, pour les bien conduire. Fabrice Verdeil songe à son enseignement, à l'Ecole navale : même à deux cents, compacts dans un amphithéâtre, les étudiants, par leur silence, demandent qu'on écoute leur supplique, approbation ou refus glacé. Etes-vous sensible au bruit de fond produit par ce mutisme ? Alors vous faites un bon cours. Ouvrez, de même, vos oreilles à la femme que vous aimez, ainsi qu'aux pistons et aux soupapes, quand vous conduisez.

Ouïr, répondre... confuse et globale, sa rêverie confinait au sommeil, lorsqu'ils heurtèrent, violemment, une voiture venant de la droite. Précipité, coincé au fond de la carcasse, il se dit avant de s'évanouir :

voilà, j'ai raté mon avion, je serai absent à la cérémonie... pour le droit, le camarade a tort, il devra payer... est-ce que je saigne ?

Réveillé dans un lit d'hôpital, frigorifié, migraineux, il tremble de tout le tronc. Non, il n'a pas mal.

– Docteur, resterai-je idiot de ce choc à la tête ?

*

Choc ?... A droite toute ! En arrière toute !...

– Le piètre imbécile ! Mais il ne voit pas que nous courons, avec l'Anglais d'en face, en route d'abordage ?

Tant pis pour la hiérarchie, Fabrice Verdeil se décide à le lui dire. Le second l'admet, de bon gré, mais, négligemment, de sa voix distinguée, conseille aux machines de réduire un peu et à la barre d'infléchir légèrement le cap de trois degrés. Que doit faire Fabrice, maintenant ? Son supérieur a trois galons et lui un, et depuis deux mois seulement.

Il attend et n'attend plus : bouscule l'officier, prend sa place, saisit à deux mains le tuyau du transmetteur et crie, en bas : en arrière toute ! A droite toute ! Quelques minutes après, le cargo à l'Union Jack, qui ne s'est pas dérouté puisqu'il avait la priorité, frôle la frégate à si peu de distance que Fabrice remarque la moustache de l'officier de quart.

– Nous l'avons échappé belle, crient les matelots !

– Merci, midship, dit le second, de haut, toujours élégant, disert et naïf.

Avec une balafre sanguinolente sur la pommette, le commandant débarque à la passerelle, furieux :

– Qui m'a foutu des chefs de quart pareils, fulmine-t-il ! Je me rasais dans ma cabine et, soudain, le mur noir d'un cargo me passe sous le nez ! Au trou ! Au trou !

*

Choc ?... La sirène retentit soudain. Cela n'arrive jamais. Sous l'effet de la commande automatique, l'Airbus chute brusquement, comme une pierre, de mille mètres. S'ils n'ont pas attaché leur ceinture, les passagers ont dû se cogner la tête au plafond. Quelques fractions de seconde, et, dans le tonnerre de ses réacteurs, un Boeing 747 passe sur la trajectoire de l'Airbus, en y laissant sa traînée de nuages.

Alignés dans une salle oblongue et sombre, quarante écrans tracent les trajectoires des avions qui croisent dans le ciel de France : deux par deux, les aiguilleurs du ciel les guident le long de couloirs calculés pour éviter tout accident. Sur le verre translucide et vert, les réseaux mouvants se tissent et se détissent à toute vitesse. Ebloui par la vigilance et par l'attention requises, Fabrice Verdeil, en stage là, refuserait pour lui-même cette écrasante responsabilité. Il se demande, en riant, si, même aidé de ses anges, Dieu, au Paradis, arrive à contrôler ainsi, par l'épure de ces routes singulières qui tissent tout paysage, les destinées croisées de la chaîne des hommes et de la trame des femmes, occupés à s'éviter ou à se rencontrer. Sans compter les atomes, les poussières, les astres... quel métier !

*

Choc !... panneau d'Angoulême en vue. Sprint, les gars ! Nous venions de Périgueux. Jean-Louis, à ma gauche, et, sur ma droite, Paul, se dressent sur les pédales ; j'en fais autant. Le dernier au poteau paie le pot...

Paul, d'abord, prend l'avantage, voilà Fabrice légèrement distancé ; cela vaut mieux, car il faut les coiffer dans les vingt derniers mètres, avant l'arrivée ; il reste donc en arrière et laisse Jean-Louis filer un peu, aussi. La cloche, aux cent mètres. On y va ! Fabrice les rattrape lentement et force à mort pour bien finir, quand, crac ! sa chaîne casse brusquement, ses roues se déséquilibrent, son bras rencontre le guidon de Paul et tous deux, redressés à l'inverse, qui sait pourquoi, chutent sur Jean-Louis. Un tas de ferrailles et de membres. En face, une traction avant noire les évite de justesse, et, des témoins le leur diront par la suite, décrit un demi-grand huit, les pneus crissant, pour ne pas percuter le mur du cimetière, derrière l'église.

Couverts de sang des genoux au cou, ils se relèvent, se regardent des yeux aux mollets, puis, tout soudain, éclatent d'un rire inextinguible. Ah ! la figure des gens, dans le wagon, quand ils prennent le train, en haillons rougis et déchirés.

*

Chocs !... le cratère de l'Arizona qu'il a si souvent survolé... Quel paysage de cirque planétaire ! La chute d'une météorite. Quand une comète frappa Jupiter, récemment, toute la planète rougit, sembla trembler tout entière et son champ magnétique varia ; sa masse, aussi, se transforma puisque à l'ancienne planète, la nouvelle comète s'ajouta. On dit même que, munie d'un cœur de glace, comme celle qui ne m'aime pas, une comète du même genre rencontra la Terre autrefois, de sorte que toute l'eau qui nous fait vivre vint de ce cœur-là ; les femmes qui nous éconduisent nous abreuvent de vinaigre et de fiel, certes, mais, peut-être, magnifient notre destin, comme ces chocs de météorites détruisent, certes, mais construisent les corps célestes. La Terre ne pèse-t-elle que la somme de ces rencontres accidentelles ? Ainsi tout paysage, ainsi tout destin.

Les galaxies heurtent les galaxies, en explosions inimaginablement grandioses, les étoiles en télescopent d'autres, en bouquets de feu, les comètes tombent sur les planètes, les grains de matière, parfois, se rassemblent... Traversé de blocs de toutes formes et tous poids, si énorme que, lancés à vitesse effarante, les bolides s'y tamponnent rarement, l'espace cosmique se peuple, à mesure de temps, de grains plus gros, parce qu'ils résultent de rencontres de ce type : ils s'agglutinent par accrétion. La genèse des mondes s'explique par ces chocs de blocs. Sur la terre, en même temps que l'agrandissement de leur habitat, une semblable bombe amènerait, aussi, la fin des habitants.

Ivre de ces images de paysages, Fabrice rêve sur son lit d'hôpital :

– Docteur, resterai-je idiot ou améliorerai-je ma sagesse de cette sorte d'électrochoc ?

*

Choc ?... Quand la barre penche à droite, l'avant vire vers la gauche, parfois : le bateau répond paradoxalement. Peu habitué aux effets de petits fonds, usuels dans les canaux étroits où passent les gros-porteurs, intrigué donc, puis énervé, le pilote s'affole et donne des ordres déraisonnables, pis, contradictoires. Nous faisons des embardées sur chaque bord, se dit Fabrice, inquiet ; cela dure depuis le début du soir. Et, soudain, la catastrophe : la proue se plante dans la rive droite, le bâtiment s'engage en travers et barre le canal, poupe coincée dans le rivage gauche. Voilà comment se paya, souvent, l'inexpérience des premiers pilotes – russes, yougoslaves... – de Suez, lorsque les anciens quittèrent le canal, en 1957, pour refuser la réquisition de Nasser.

Nous ne pouvons pas rester ainsi figés, pense-t-il alors, car, au loin, droit devant, il aperçoit déjà le phare du premier pétrolier du convoi Nord-Sud, qui vient de quitter les lacs Amers et avance régulièrement ; son œil menaçant luit dans la nuit. Ne pouvant imaginer qu'un navire obstrue ainsi le passage, son pilote ne nous verra qu'au dernier moment et ne pourra éviter ni la collision ni l'incendie fatal qui s'ensuivra. Nous n'avons aucun moyen de l'avertir, songe le jeune officier.

Sur la passerelle, les deux pilotes se chamaillent... d'angoisse, leur chef sue et tremble. Alarme. Reprenant l'initiative et pour tenter de se redresser, le commandant fait mettre les machines en avant toute sur la barre tout d'un côté. Les moteurs rugissent, les filets d'eau frappent le safran du gouvernail, la coque tremble, mais le bateau, comme enlisé, ne bouge pas. Officier d'arrière, Fabrice demande des ordres, mais nul ne répond, en haut, et pour cause : nul ne sait ce qu'il faut faire. Alors, sans attendre de commandement, en hâte et presque en désobéissant, il fait affaler la baleinière, prend place dans la frêle barque, lance la machine, met le nez du petit bateau « en mouton » contre la hanche du grand, et pousse, lui aussi, moteur à fond. Le blocage résiste. Fabrice insiste. Inexorablement, l'œil grossit. Alerte rouge. Le lieutenant Verdeil n'entend plus, maintenant, que les deux machines, voisines, rugir au plus haut régime ; la première tourne inutilement, désormais, puisque les filets d'eau n'atteignent plus le safran. Ne reste que le mouton.

Il se souviendra longtemps du décollement progressif de la poupe et de la rive. Cela fit d'abord comme un petit bruit de succion. Oui, oui, le cul du bateau vient, là, posément, oui, doucement, comme ça, encore, pivote lentement sur la surface calme du canal, voilà, très bien, et vient sagement se ranger le long de la rive droite. Alors Verdeil se retourne et une muraille noire vertigineusement haute défile à le toucher, pendant que l'œil-phare, en dérivant, balaie de son pinceau de lumière toute la scène, du trou de l'écubier vers l'ocre rougeâtre du désert, et qu'il peut lire, sur l'avant défilant devant ses yeux, lettre à lettre, lentement : *O-L-Y-M-P-I-C S-P-L-E-N-D-O-U-R...* un pétrolier géant de chez Onassis...

– Lieutenant, lui demande le commandant, par quel miracle du tonnerre de Dieu sommes-nous donc à poste ?

Remonté sur la passerelle, en silence, Fabrice regarde ses hommes sourire...

... non, il se voit maintenant couché sur son lit d'hôpital, où le docteur s'irrite de la question répétée :

– Resterai-je idiot de ce choc-là ?

*

Choc !... Vas-y, Fabrice, oui, ah, oui... Debout, la foule crie et le jeune Verdeil, trois-quarts aile, sent que ces hurlements le portent, léger. Balle bien coincée sous son bras droit, le gauche libre pour le raffut, il suit la touche, à pleine vitesse. Cours, tu n'as plus besoin de souffle, maintenant, va au bout. Il ne reste que quelques minutes avant la fin de la demi-finale, et voici l'espoir ultime de gagner. Devant le champ presque libre – l'arrière adverse traîne loin sur la gauche, en diagonale –, Fabrice a de bonnes sensations aux chevilles et s'apprête à un éventuel contre-pied pour revenir vers l'intérieur si le 15 le rattrape. Sûr de marquer... vite, vite, aller entre les poteaux... ne pas perdre le sang-froid... quand tout à coup le ciel lui tombe sur la tête... Il roule loin, à terre, hors de la touche et le ballon, lâché, rebondit vers les tribunes... Il n'avait pas vu le troisième ligne centre, en second rideau, légèrement derrière lui... qui vient de le reprendre, en plongeant au ras de sa ceinture et dont les bras, inexorablement, lui descendent le long des jambes... un placage à vous tuer... adieu l'essai.

Dans le grand silence du public, Verdeil, relevé, s'ébroue et trottine ; rien de cassé...

– Rien de cassé, docteur ? demande-t-il sur son grabat d'hôpital.

*

Chocs !... Enfant, au centre de son village, le petit garçon se demande, au matin de la foire, en regardant grouiller sur la place les habitants et les paysans des alentours, affairés : comment font-ils pour ne pas s'entrechoquer ? Ces deux-ci se serrent la main, d'autres s'interpellent à distance ou s'embrassent, ceux-là, fâchés ou indifférents, s'évitent ou ne se rencontrent pas... aucun carambolage, aucun tamponnement, aucune collision. Comme les bateaux, disposent-ils d'un radar sur la tête ou dans la peau ? Quels miracles permanents ! Mais, à la sortie de la messe ou du stade, pendant un quart d'heure, ils paraissent collés.

Depuis lors, il voyagea et médita sur les affinités ou rencontres. Quand les Français s'alignent devant un guichet, ils s'entassent, à se toucher presque, alors que les Chinois et les Philippins s'y agglutinent, en grappes ; inversement, à Chicago ou Austin, les gens observent entre eux un écart d'un pied ou deux. Si, à Philadelphie, vous faites la queue comme à Prague ou en Sicile, vous passez pour un violeur. Coudées franches, épaules libres, courses faciles... lorsqu'il arrive en Amérique, l'espace frappe l'Européen ou l'Asiatique de sa faible densité. Peu de villes y ont tracé des places publiques. Dans le Colorado désertique, l'agriculteur habite si loin qu'il fait quelquefois ses courses en avion. Fabrice Verdeil se souvient, à l'inverse, avoir vu un million de femmes et d'hommes, place Tran'anmen, et cru mourir dans une rue artisanale de Cho Lon, au Viêt-nam du Sud, un soir d'angoisse où il pensa manquer le courrier de son retour : la compacité y atteignait à l'immobilité. Etouffé, non, pis, englouti, non, pis encore, pris dans la masse d'une gélatine. L'Européen vit parmi une concentration moyenne, devenue vertigineuse à l'est, mais à l'ouest raréfiée. Les gens du Midi se touchent, ceux du Nord restent lointains. Comment ceux-ci font-ils pour s'aimer ? Tout vient de la densité... nos attitudes, la culture, nos rapports, la morale, l'amour même... Revêtu de peau, le corps en reçoit une deuxième de l'environnement collectif. A quelle distance de la première se trouve la peau sociale, aussi délicate et sensible que l'autre ? A même le derme, en Asie, à trois millimètres en Europe, à deux pieds en Amérique. De très près, elle tolère les caresses et, de loin, pilote notre évitement des chocs.

Après l'accident, par le demi-sommeil de sa veille douloureuse, Verdeil les revoit, les paysans de son enfance, autour des bœufs et des oies, ou ses amis chinois ou vietnamiens, à Pékin ou Hanoi... puis, au-dessous du village ou de ces villes, se superposent les atomes vibrionnant de son cours de mécanique quantique et leurs chocs générateurs de particules dans un accélérateur, ensuite, au-dessus, les corps de l'Univers et leurs exceptionnelles accrétions... le paysage change d'échelle... grande, petite, moyenne... où se croisent et jouent les destins rares ou denses... navettes entre chaînes et trames, boules de billard imprédictibles roulant sans frottement, d'obstacles convexes en obstacles convexes, ou dés secoués dans un cornet... Qui évite quoi et qui tamponne qui, pourquoi, et qui joue avec le paysage de nos trajectoires ?

Sur le lit de clinique, en proie au vertige, Fabrice délire :

– Je ne me souviens plus quand je l'ai rencontrée, mais elle m'a déjà tué, de sorte que j'en porte la blessure permanente... dites, docteur, mourrai-je de ce choc-là ?

*

Un éclair ou une longue lutte ? En tout cas, le dernier choc. Une rencontre déchirante comme au couteau ? Un son fulgurant comme le tonnerre profond ? La mort survient-elle comme un tremblement de terre ?

A dix-sept heures précises, Verdeil se dirige, comme tous les mercredis, vers le coin de l'immeuble ocre, quand, prévisible et inattendu, le grand Loma Prieta du 17 octobre 1989 commence. *The big one !* entend-il crier une voix, sur sa droite, *the big one !* Une ultra-basse chantante gronde au plus profond du monde et tonne longuement ; les gens tombent, les murs fléchissent, les charpentes vibrent, claquent les planches, les bâtis s'écrasent.

Un immense bonheur s'étire alors dans la poitrine de Fabrice, jaillit en lui la joie au jet pur, égale au bruit de fond du monde, comme si son corps, pour la première fois, battait au même rythme que les choses ou, plutôt, comme si les choses, enfin, se mettaient à jouer la même musique extasiée que son thorax et ses jambes. Le son de la Terre, la tonalité de l'Univers, les voilà. Il écoute, toute sa chair s'ouvre comme un pavillon d'oreille. Comme ce jour de colère-là, où, sous ses pieds, des formations souterraines cassèrent et tombèrent sur d'autres morceaux géants de plaques, le jour de sa mort, pour enfin connaître, il tentera d'ouïr...

Comme une jumelle, cette joie ressemble à la rencontre inopinée d'un grand amour ou d'une idée. Sur le choc, tout bifurque et s'ouvre la nouveauté. Fabrice a toujours cru aux miracles. Pourquoi le surprendraient-ils, puisque sa vie va d'à-coups en surprises ? L'intuition inattendue, l'émergence de la clarté, l'alliance étonnante de sons dont la poussée suscite la phrase imprévisible, la déroutante rencontre d'une chose du monde ou d'une personne à l'entente inouïe – la bonne volonté qui ouït rencontre toujours l'inouï –, en somme l'amour et l'invention rompent le temps à des bifurcations telles que prodiges et merveilles fusent en bouquets perpétuels. Comme dans un kaléidoscope, le paysage se brouille et engendre tout à coup un nouveau paysage, inattendu. Quelle voie de vie nouvelle se dévoile ce matin ? Que fragilité, douleur et larmes, vie austère et solitude paient cette jubilation, quoi de plus juste et finalement peu cher ? Le choc de la mort fixe à la vie son prix. Ne croyez-vous pas aux miracles ? Mais comment vivez-vous donc ?

– Docteur, vais-je vraiment mourir de ce choc-là ? Mourir, je veux dire : en demeurer idiot ? Vivre, je veux dire : me lever de bon matin. Vivre, oui : voir du pays.

*

Et le petit télégraphiste ! Accompagné de Lucien, Fabrice traverse la rue, en bavardant de choses indispensables. Et, tout à coup, il se retrouve cul par-dessus tête, un vélo et un homme sur le corps. Quel choc !

– Vous passiez sans m'avoir vu... trop près, lancé, avais-je le choix ? bégaie, pour s'excuser, le cycliste, assis par terre, de l'autre côté de la roue, voilée, qui vibre encore entre lui et Verdeil, couché sur la chaussée. Alors, j'ai préféré tomber sur le moins petit.

Fabrice en rit : encore un placage.

*

Blessé, son corps lui semble aujourd'hui une bille passive dont l'orbite blanche va de boules noires en bandes vertes, de chocs en chocs. Impossible de prévoir la trajectoire, d'autant que l'amour, capricieuse attraction, impose la rencontre décisive, pour le pire ou le meilleur. Tout zigzague sous ses yeux : bateaux, avions, femmes, courses, marches, pédalages, même le Concorde qui le ramène de Kourou et du lancement de trois satellites par l'une des Ariane ; comme une poubelle, l'espace autour de la Terre contient tous les restes de ces lancements : préparons-nous des accidents ? Il a évité le pétrolier, mais non le troisième ligne, le cargo anglais, mais non le vélo de Paul ni celui du postier maigre, les chutes de pierres dans les couloirs glacés de haute montagne, mais non les malheurs d'amour, il a inventé, comme tout le monde, une route en slalom entre les écueils ; où va frapper, maintenant, le projectile de la mort ? A gauche, en bas, derrière, lui sifflera-t-il aux oreilles ?

En tirera-t-il une joie souveraine comme lors du tremblement de terre ou la déchirure amère des amours non partagées ? Tout à coup, il lui semble qu'il faille vite décider. Comme le pilote de l'Airbus, il entend la voix grave de la sirène ; le bolide ou la comète au cœur de glace arrive droit devant... aujourd'hui, à la minute même, Fabrice, il n'y a pas de mouton pour faire virer le bateau, pas de petit télégraphiste pour choisir un autre obstacle, pas de commande automatique, pas de midship astucieux et rapide pour dire en arrière toute et à gauche vingt-cinq, pas de route de dégagement, aucun aiguilleur du ciel ne veille, ici siège seule celle qui dit non... décide vite, Fabrice, décide... oui, oui, je décide pour la joie.

Le docteur retrouva Fabrice livide, le visage paisible sous le choc de la mort.

Désert

Rencontre

Alors qu'il paraît nu à ceux qui n'y vivent pas, l'erg désertique éclate partout d'une plénitude improbable de vie : bois quasi fossile ou pétrifié, grâce auquel le feu du soir répond humblement aux étoiles ; plantes grasses héroïques, parmi leurs épines, éperdues de se tenir là ; insectes subtils aux longues antennes fines et aux vols à peine perceptibles ; lézards qui laissent, derrière eux, les marques d'un sillon fin sur le sable, comme un canal indéfini, sans commencement ni but, bordé, à gauche et à droite, des points presque illisibles de leurs petites pattes ; serpents dont le tourbillon latéral glisse le long des dunes, en lutte liquide contre la fluidité du sablier ; fennecs invisibles, mais que l'on devine à l'odeur ; charognards aux ailes noires qui attendent, comme suspendus, les cadavres... manque-t-il, autour des chameaux et des hommes qui passent et parlent, une seule classe dans les règnes du vivant ?

Abondance inattendue d'archives dans le même lieu : bifaces, éclats de pierre taillée, morceaux de poteries, restes de cuisine et de fruste industrie, témoins fréquents des paysages disparus, datant du temps, perdu, où le Sahara verdoyait comme un parc, ossements desséchés, traces tragiques d'années terribles ou de drames dans les caravanes, manque-t-il une ère de l'histoire ?

Sur le sable, jamais lisse ni uni, cent dessins et mille marques, denses par l'austère absence, racontent que, depuis des millénaires, la vie, végétale et animale, ainsi que le temps humain, en des foules rares et tacites, aussi nombreuses et cachées, dans la chaleur du jour, que les constellations d'étoiles dont le silence baigne les ténèbres de son lait de chamelle, perdues en ce paysage terrible et tranquille, attendent.

– Taisez-vous donc, je crois entendre une voix.

Nous nous moquâmes de François.

Le 31 décembre 1994, dans le grand Sud marocain, au cours d'une marche de bout en bout de l'erg El Ghoual, sous forte chaleur, des mirages nous avaient accompagnés, lointains d'abord – pièces d'eau sous l'horizon entre les dunes –, étonnamment proches ensuite – rivages d'un lac à nos pieds, invitant à la baignade –, lorsque au coucher du soleil, l'un de nous, fin d'oreille, prétendit entendre, en effet, dans l'entrelacs des chemins possibles derrière les amas de sable vers le vent, les plaintes sourdes d'un enfant.

– Silence, reprit-il, à mi-voix.

François levait la main et, courbé, fermait les yeux.

– Dis donc, l'ami, ça parle, un mirage ?

A peine se taisaient nos moqueries que, titubant, dépenaillé, à bout de forces, barbouillé de pleurs et de morve, un petit garçon de six à sept ans se jeta parmi nos jambes. Dès qu'il nous vit, nous comprîmes qu'il consentait enfin à s'abandonner : il tomba de tout son long sur le sable ocre. Nous lui fîmes reprendre conscience difficilement.

Comme il parlait arabe et nos chameliers berbère, nous eûmes de la difficulté à comprendre qu'il avait perdu ses parents et sa tribu depuis plus de trois jours. Confiant dans son sens de l'orientation, il s'était un moment écarté des siens, mais avait bifurqué sans remède. Sans manger, dormir ni boire, il se traînait, misérable, au milieu des dunes vides. L'enfant perdu et trouvé venait d'entrer en agonie.

Calculez la probabilité, si basse qu'elle peut passer pour un miracle, pour que, par un espace nu, énorme et parsemé de ces obstacles, un enfançon de sa taille nous découvre, passant là. A cet infime près, la prochaine caravane, plusieurs années après, y eût piétiné des ossements légers.

Parvenus à l'étape, nous lc prîmes auprès du feu. Tendu, crispé, affolé par nos usages et notre langue, il refusait de boire et de manger, ne disait mot et tremblait, convulsif, dans le froid de la nuit. Le hasard voulut que je me découvrisse, laissant paraître des cheveux rares dont la blancheur l'apaisa, sans doute, puisque à partir de cet instant je pus le coucher dans mes bras et lui caresser la main, de sorte que les femmes lui offrirent pain et bouillon. Assis en tailleur auprès du foyer, je le sentis enfin, appuyé sur moi, plus calme et réchauffé.

Pendant ce temps, François avait dispersé les amis sur le sommet des dunes les plus hautes alentour, en leur demandant de braquer leurs torches électriques vers le ciel et de lancer des signaux assez discontinus pour attirer l'attention. Comme la sécheresse du désert fait croire à ceux qui dorment dehors qu'ils habitent à même le paysage accessible des constellations, ces lumières temporaires se mêlaient aux scintillements multicolores des étoiles. Pendant qu'en mon giron s'endormait l'enfant perdu, des larmes naïves envahissaient les visages, émus de reprendre l'ère de zéro, en revivant, quoique à l'envers, une nuit des Rois : nous avions trouvé l'enfant avant que les lumières s'arrêtent sur sa tête...

Je tentais de l'endormir en chantonnant une berceuse. « Dors ; pour nous deux, la route tourne autour d'une même dune : pour que tu renaisses, j'ai ouï tes pleurs derrière elle ; écoute ce bruit de mer qui m'y appelle, pour m'y fondre et disparaître ; même musique, même ritournelle, même tas de sable ; dors.

« Comme toi j'ai perdu, tout jeune, le climat paradisiaque du jardin de mon enfance et j'ai cherché longtemps l'issue d'entrelacs compliqués, en portant, au creux du thorax, un désespoir de petit nomade éperdu. Comme toi et moi, le monde va, en haillons, désorienté. Comme lui, l'histoire court comme une bergère égarée qui, depuis son origine, crie dans le désert la perte de son sens. Aussi fourvoyée, l'ère contemporaine, sa petite sœur, tient par la main son aînée : ne sachant vers où aller, elles pleurent, toutes deux, entre les dunes. Comme tout événement imprévu, le temps, toujours nouveau, croule comme le sable ou ton corps perdu. Comme l'univers, inattendu, Dieu, frêle enfant disparu, se retrouve un soir, par hasard, dans la paille. Ainsi toi et moi, la vie, l'histoire, Dieu même et ma mélopée de nuit, partout s'éparpillent, déroutés comme tes frères et ta mère, dont les yeux et les larmes scintillent des lumières de nos signes. Ils les verront : dors.

« Car, sans égarement, qu'aurions-nous trouvé ? Aurais-tu rencontré, parmi le désert vide, des peuples étranges aux langues sonores, célébrant des fêtes bizarres et dont les femmes lascivement dansent ? Si tu ne t'étais jamais perdu, aurais-tu jamais connu ? La découverte, le destin, l'aléa de la rencontre, les miracles d'invention et de bonheur se dispersent comme le sable et l'enfance, à la grâce du Dieu égaré. Où vous trouver, toi que j'ai perdue et Toi que j'ai perdu ? Dans le désert ensemencé de ces dunes ? Dors. »

Lequel de nous deux rêvait ?

A sept heures de distance, les parents, bergers nomades au long cours dans cet erg, aperçurent alors et comprirent nos signes. Ils arrivèrent à l'aurore de notre an neuf et de leur vie renouvelée : cris de la famille, retrouvailles, cadeaux échangés autour du fils perdu, miracle sous les étoiles et parmi les chameaux.

Imprévu, le temps se mettait à couler sur une route frayée, parmi le labyrinthe et les entrelacs d'un paysage où le vide rend si rares les rencontres et les chocs.

Tête et sein

« Ami de tout ce qui vivait léger à l'âge où les Lumières descendaient aussi, bleues, roses et tendres, sur les toiles, dessinateur de jardins ducaux et metteur en scène de fêtes princières... dénoncé, en pleine tourmente révolutionnaire, comme commensal de la cour par l'un de ses confrères peintres, banalement jaloux de ses bonheurs, le gentil Hubert Robert se vit partir, un matin, pour l'échafaud, dans la charrette.

« On peut voir de lui un carnet de profils. Ceux qui vont mourir, les voilà, saisis, instantanés, sous le crayon de celui qui, à l'heure solennelle, travaille, encore et toujours. "Ma mère morte, je la peins", disait un autre talent, admiré pour l'avoir dit. Mais, à quatre pas de sa décollation propre, Robert dessine. Définissez le génie par son agonie, pendant laquelle il poursuit le même geste qu'il continuera de faire longtemps dans la mémoire des hommes ; il engagea une telle bataille dans l'art que sa dernière lutte vitale concerne à peine son corps. Bref, le voici tassé, bousculé, cahotant par les hautes roues de bois ferré sur le mauvais pavé de Paris, au pas lassé d'une haridelle maigre, tenant à bout de main le fusain et le papier, brossant furieusement les nez pincés, les regards égarés, les lèvres sèches, les fronts éperdus et les pauvres épaules ; une belle galerie d'ancêtres anonymes : leurs têtes.

« La charrette s'arrête, mais il n'a pas fini. Fixe à

tout jamais le formidable effort du voisin qui se lève à l'appel de son nom.

« Et sur la place où règne un silence dense – pas de tambour pour les victimes courantes –, parmi la populace béante, après que cinq ou six têtes, claquant des dents, criant et les yeux pleins de larmes, ont déjà basculé dans le panier de son, Robert, enfin, entend l'ordre : Robert ! A peine a-t-il pris le temps de déposer le cahier de croquis sur la planche basse baignée d'ordures où les condamnés s'assirent, et de prendre appui, de son poing libre, sur son genou, qu'un autre homme répond à sa place, monte l'escalier, reçoit la cagoule sur le buste, est renversé sur le billot où le bourreau engage son chef aveuglé à travers le guichet ; le couperet glisse sur ses rails, huilé maintenant par le gluant du sang : un second Robert, de nom ou de prénom, vient de mourir.

« Le premier revient, tout seul, dans la charrette cahotante, sans que nul s'inquiète de l'excédent. Hébété, il ne regarde ni les rues où il repasse, ni les pages du carnet, ni les profils découpés. Comment le temps a-t-il bifurqué, encore ? D'où vint le bélier qui prit la place d'Isaac ? »

Mais qui donc raconte cette histoire folle, devant le dernier tableau de cette exposition, un Hubert Robert, tout justement ? Devenu, sur le tard, directeur du Louvre, il a peint la Grande Galerie, dont la voûte démantelée s'ouvre sur le ciel, en ruine : la voici, sublime, encombrée de décombres.

Mais pourquoi le conteur, têtu, montre-t-il du doigt, sous les colonnades fastueuses écroulées dans la paille d'une crèche sale, cette jeune paysanne qui allaite son enfant ?

1992-1997

TABLE DES MATIÈRES

5179

Photocomposition Assistance 44-Bouguenais
Achevé d'imprimer en Europe (France)
par Maury-Eurolivres – 45300 Manchecourt
le 17 mars 1999.
Dépôt légal mars 1999. ISBN 2-290-05179-9

Éditions J'ai lu
84, rue de Grenelle, 75007 Paris
Diffusion France et étranger : Flammarion